T&P BOOKS

I0170162

UCRANIANO
V O C A B U L Á R I O

PORTUGUÊS BRASILEIRO

PORTUGUÊS UCRANIANO

Para alargar o seu léxico e apurar
as suas competências linguísticas

3000 palavras

Vocabulário Português Brasileiro-Ucraniano - 3000 palavras

Por Andrey Taranov

Os vocabulários da T&P Books destinam-se a ajudar a aprender, a memorizar, e a rever palavras estrangeiras. O dicionário é dividido em temas, cobrindo todas as principais esferas de atividades quotidianas, negócios, ciência, cultura, etc.

O processo de aprendizagem, utilizando os dicionários baseados em temáticas da T&P Books dá-lhe as seguintes vantagens:

- Informação de origem corretamente agrupada predetermina o sucesso em fases subsequentes da memorização de palavras
- Disponibilização de palavras derivadas da mesma raiz, o que permite a memorização de unidades de texto (em vez de palavras separadas)
- Pequenas unidades de palavras facilitam o processo de estabelecimento de vínculos associativos necessários para a consolidação do vocabulário
- O nível de conhecimento da língua pode ser estimado pelo número de palavras aprendidas

T&P Books Publishing
www.tpbooks.com

Este livro também está disponível em formato E-book.
Por favor visite www.tpbooks.com ou as principais livrarias on-line.

VOCABULÁRIO UCRANIANO
palavras mais úteis

Os vocabulários da T&P Books destinam-se a ajudar a aprender, a memorizar, e a rever palavras estrangeiras. O vocabulário contém mais de 3000 palavras de uso comum organizadas tematicamente.

O vocabulário contém as palavras mais comummente usadas
Recomendado como adicional para qualquer curso de línguas
Satisfaz as necessidades dos iniciados e dos alunos avançados de línguas estrangeiras
Conveniente para o uso diário, sessões de revisão e atividades de auto-teste
Permite avaliar o seu vocabulário

Características especias do vocabulário

*   As palavras estão organizadas de acordo com o seu significado, e não por ordem alfabética
*   As palavras são apresentadas em três colunas para facilitar os processos de revisão e auto-teste
*   As palavras compostas são divididas em pequenos blocos para facilitar o processo de aprendizagem
*   O vocabulário oferece uma transcrição simples e adequada de cada palavra estrangeira

O vocabulário contém 101 tópicos incluindo:

Conceitos básicos, Números, Cores, Meses, Estações do ano, Unidades de medida, Roupas & Acessórios, Alimentos & Nutrição, Restaurante, Membros da Família, Parentes, Caráter, Sentimentos, Emoções, Doenças, Cidade, Passeios, Compras, Dinheiro, Casa, Lar, Escritório, Trabalho no Escritór o, Importação & Exportação, Marketing, Pesquisa de Emprego, Esportes, Educação, Computador, Internet, Ferramentas, Natureza, Países, Nacionalidades e muito mais ...

TABELA DE CONTEÚDOS

GUIA DE PRONUNCIAÇÃO

Letra	Exemplo Ucraniano	Alfabeto fonético T&P	Exemplo Português
A a	акт	[a]	chamar
E e	берет	[e], [ɛ]	mover
Є є	модельєр	[ɛ]	mesquita
И и	ритм	[k]	aquilo
I і	компанія	[i]	sinônimo
Ї ї	поїзд	[ji]	gaseificada
O o	око	[ɔ]	emboço
У у	буря	[u]	bonita
Ю ю	костюм	[ʲu]	nacional
Я я	маяк	[ja], [ʲa]	Himalaias

Consoantes

Б б	бездна	[b]	barril
В в	вікно	[w]	página web
Г г	готель	[ɦ]	agora
Ґ ґ	ґудзик	[g]	gosto
Д д	дефіс	[d]	dentista
Ж ж	жанр	[ʒ]	talvez
З з	зброя	[z]	sésamo
Й й	йти	[j]	Vietnã
К к	крок	[k]	aquilo
Л л	лев	[l]	libra
М м	мати	[m]	magnólia
Н н	назва	[n]	natureza
П п	приз	[p]	presente
Р р	радість	[r]	riscar
С с	сон	[s]	sanita
Т т	тир	[t]	tulipa
Ф ф	фарба	[f]	safári
Х х	холод	[h]	[h] aspirada
Ц ц	церква	[ts]	tsé-tsé
Ч ч	час	[tʃ]	Tchau!
Ш ш	шуба	[ʃ]	mês
Щ щ	щука	[ɕ]	shiatsu
ь	камінь	[ʲ]	sinal suave
ъ	ім'я	[ˈ]	sinal forte

ABREVIATURAS
usadas no vocabulário

Abreviaturas do Português

adj	-	adjetivo
adv	-	advérbio
anim.	-	animado
conj.	-	conjunção
desp.	-	esporte
etc.	-	Etcetera
ex.	-	por exemplo
f	-	nome feminino
f pl	-	feminino plural
fem.	-	feminino
inanim.	-	inanimado
m	-	nome masculino
m pl	-	masculino plural
m, f	-	masculino, feminino
masc.	-	masculino
mat.	-	matemática
mil.	-	militar
pl	-	plural
prep.	-	preposição
pron.	-	pronome
sb.	-	sobre
sing.	-	singular
v aux	-	verbo auxiliar
vi	-	verbo intransitivo
vi, vt	-	verbo intransitivo, transitivo
vr	-	verbo reflexivo
vt	-	verbo transitivo

Abreviaturas do Ucraniano

ж	-	nome feminino
мн	-	plural
с	-	neutro
ч	-	nome masculino

CONCEITOS BÁSICOS

1. Pronomes

eu	я	[ja]
você	ти	[ti]
ele	він	[win]
ela	вона	[wo'na]
ele, ela (neutro)	воно	[wo'nɔ]
nós	ми	[mi]
vocês	ви	[wi]
eles, elas	вони	[wo'ni]

2. Cumprimentos. Saudações

Oi!	Здрастуй!	['zdrastuj]
Olá!	Здрастуйте!	['zdrastujtɛ]
Bom dia!	Доброго ранку!	['dɔbrɔɦɔ 'ranku]
Boa tarde!	Добрий день!	['dɔbrij dɛnʲ]
Boa noite!	Добрий вечір!	['dɔbrij 'wɛtʃir]

cumprimentar (vt)	вітатися	[wi'tatisʲa]
Oi!	Привіт!	[pri'wit]
saudação (f)	привітання (c)	[priwi'tanʲa]
saudar (vt)	вітати	[wi'tati]
Tudo bem?	Як справи?	[jak 'sprawi]
Como você está?	Як у вас справи?	[jak u was 'sprawi]
E aí, novidades?	Що нового?	[ɕo no'wɔɦɔ]

Tchau! Até logo!	До побачення!	[do po'batʃɛnʲa]
Até breve!	До скорої зустрічі!	[do 'skɔrɔji 'zustritʃi!]
Adeus! (sing.)	Прощавай!	[prɔɕa'waj]
Adeus! (pl)	Прощавайте!	[prɔɕa'wajtɛ]
despedir-se (dizer adeus)	прощатися	[pro'ɕatisʲa]
Até mais!	Бувай!	[bu'waj]

Obrigado! -a!	Дякую!	['dʲakuʲu]
Muito obrigado! -a!	Щиро дякую!	['ɕiro 'dʲakuʲu]
De nada	Будь ласка	[budʲ 'laska]
Não tem de quê	Не варто подяки	[nɛ 'warto po'dʲaki]
Não foi nada!	Нема за що	[nɛ'ma za ɕo]

Desculpa!	Вибач!	['wibatʃ]
Desculpe!	Вибачте!	['wibatʃtɛ]
desculpar (vt)	вибачати	[wiba'tʃati]
desculpar-se (vr)	вибачатися	[wiba'tʃatisʲa]

Me desculpe	Мої вибачення	[moï 'wibatʃɛnʲa]
Desculpe!	Вибачте!	['wibatʃtɛ]
perdoar (vt)	вибачати	[wiba'tʃati]
por favor	будь ласка	[budʲ 'laska]

Não se esqueça!	Не забудьте!	[nɛ za'budʲtɛ]
Com certeza!	Звичайно!	[zwi'tʃajno]
Claro que não!	Звичайно ні!	[zwi'tʃajno ni]
Está bem! De acordo!	Згоден!	['zɦɔdɛn]
Chega!	Досить!	['dɔsitʲ]

3. Questões

Quem?	Хто?	[hto]
O que?	Що?	[ɕo]
Onde?	Де?	[dɛ]
Para onde?	Куди?	[ku'dɨ]
De onde?	Звідки?	['zwidkɨ]
Quando?	Коли?	[ko'lɨ]
Para quê?	Навіщо?	[na'wiɕo]
Por quê?	Чому?	[tʃo'mu]

Para quê?	Для чого?	[dlʲa 'tʃɔɦo]
Como?	Як?	[jak]
Qual (~ é o problema?)	Який?	[ja'kɨj]
Qual (~ deles?)	Котрий?	[kot'rɨj]

A quem?	Кому?	[ko'mu]
De quem?	Про кого?	[pro 'kɔɦo]
Do quê?	Про що?	[pro ɕo]
Com quem?	З ким?	[z kɨm]

Quanto, -os, -as?	Скільки?	['skilʲkɨ]
De quem? (masc.)	Чий?	[tʃij]
De quem? (fem.)	Чия?	[tʃɨ'ʲa]
De quem são ...?	Чиї?	['tʃɨjɨ]

4. Preposições

com (prep.)	з	[z]
sem (prep.)	без	[bɛz]
a, para (exprime lugar)	в	[w]
sobre (ex. falar ~)	про	[pro]
antes de ...	перед	['pɛrɛd]
em frente de ...	перед	['pɛrɛd]
debaixo de ...	під	[pid]
sobre (em cima de)	над	[nad]
em ..., sobre ...	на	[na]
de, do (sou ~ Rio de Janeiro)	з	[z]
de (feito ~ pedra)	з	[z]
em (~ 3 dias)	за	[za]
por cima de ...	через	['tʃɛrɛz]

5. Palavras funcionais. Advérbios. Parte 1

Onde?	Де?	[dɛ]
aqui	тут	[tut]
lá, ali	там	[tam]
em algum lugar	десь	[dɛsʲ]
em lugar nenhum	ніде	[ni'dɛ]
perto de ...	біля	['bilʲa]
perto da janela	біля вікна	['bilʲa wik'na]
Para onde?	Куди?	[ku'dɨ]
aqui	сюди	[sʲu'dɨ]
para lá	туди	[tu'dɨ]
daqui	звідси	['zwidsɨ]
de lá, dali	звідти	['zwidtɨ]
perto	близько	['blɨzʲko]
longe	далеко	[da'lɛko]
perto de ...	біля	['bilʲa]
à mão, perto	поряд	['porʲad]
não fica longe	недалеко	[nɛda'lɛko]
esquerdo (adj)	лівий	['liwɨj]
à esquerda	зліва	['zliwa]
para a esquerda	ліворуч	[li'worutʃ]
direito (adj)	правий	['prawɨj]
à direita	справа	['sprawa]
para a direita	праворуч	[pra'worutʃ]
em frente	спереду	['spɛrɛdu]
da frente	передній	[pɛ'rɛdnij]
adiante (para a frente)	уперед	[upɛ'rɛd]
atrás de ...	позаду	[po'zadu]
de trás	ззаду	['zzadu]
para trás	назад	[na'zad]
meio (m), metade (f)	середина (ж)	[sɛ'rɛdɨna]
no meio	посередині	[posɛ'rɛdɨni]
do lado	збоку	['zbɔku]
em todo lugar	скрізь	[skrizʲ]
por todos os lados	навколо	[naw'kɔlo]
de dentro	зсередини	[zsɛ'rɛdɨnɨ]
para algum lugar	кудись	[ku'dɨsʲ]
diretamente	прямо	['prʲamo]
de volta	назад	[na'zad]
de algum lugar	звідки-небудь	['zwidkɨ 'nɛbudʲ]
de algum lugar	звідкись	['zwidkɨsʲ]

em primeiro lugar	по-перше	[po 'pɛrʃɛ]
em segundo lugar	по-друге	[po 'druɦɛ]
em terceiro lugar	по-третє	[po 'trɛtɛ]
de repente	раптом	['raptom]
no início	спочатку	[spo'ʧatku]
pela primeira vez	уперше	[u'pɛrʃɛ]
muito antes de ...	задовго до...	[za'dɔwɦo do]
de novo	заново	['zanowo]
para sempre	назовсім	[na'zɔwsim]
nunca	ніколи	[ni'kɔlɨ]
de novo	знову	['znɔwu]
agora	тепер	[tɛ'pɛr]
frequentemente	часто	['ʧasto]
então	тоді	[to'di]
urgentemente	термінoво	[tɛrmi'nɔwo]
normalmente	звичайно	[zwi'ʧajno]
a propósito, ...	до речі,...	[do 'rɛʧi]
é possível	можливо	[mɔʒ'lɨwo]
provavelmente	мабуть	[ma'butʲ]
talvez	може бути	['mɔʒɛ 'butɨ]
além disso, ...	крім того,...	[krim 'tɔɦo]
por isso ...	тому	['tomu]
apesar de ...	незважаючи на...	[nɛzwa'ʒaʲutʃɨ na]
graças a ...	завдяки...	[zawdʲa'kɨ]
que (pron.)	що	[ɕo]
que (conj.)	що	[ɕo]
algo	щось	[ɕosʲ]
alguma coisa	що-небудь	[ɕo 'nɛbudʲ]
nada	нічого	[ni'ʧɔɦo]
quem	хто	[hto]
alguém (~ que ...)	хтось	[htosʲ]
alguém (com ~)	хто-небудь	[hto 'nɛbudʲ]
ninguém	ніхто	[nih'tɔ]
para lugar nenhum	нікуди	['nikudɨ]
de ninguém	нічий	[ni'ʧɨj]
de alguém	чий-небудь	[ʧɨj 'nɛbudʲ]
tão	так	[tak]
também (gostaria ~ de ...)	також	[ta'kɔʒ]
também (~ eu)	теж	[tɛʒ]

6. Palavras funcionais. Advérbios. Parte 2

Por quê?	Чому?	[ʧo'mu]
por alguma razão	чомусь	[ʧo'musʲ]
porque ...	тому, що...	['tomu, ɕo ...]
por qualquer razão	навіщось	[na'wiɕosʲ]
e (tu ~ eu)	i	[i]

ou (ser ~ não ser)	або	[a'bɔ]
mas (porém)	але	[a'lɛ]
para (~ a minha mãe)	для	[dlʲa]

muito, demais	занадто	[za'nadto]
só, somente	тільки	['tilʲki]
exatamente	точно	['tɔtʃno]
cerca de (~ 10 kg)	близько	['blizʲko]

aproximadamente	приблизно	[prib'lizno]
aproximado (adj)	приблизний	[prib'liznij]
quase	майже	['majʒɛ]
resto (m)	решта (ж)	['rɛʃta]

o outro (segundo)	інший	['inʃij]
outro (adj)	інший	['inʃij]
cada (adj)	кожен	['kɔʒɛn]
qualquer (adj)	будь-який	[budʲ ja'kij]
muitos, muitas	багато	[ba'ɦato]
muito	багато	[ba'ɦato]
muito, muitos, muitas	багато	[ba'ɦato]
muitas pessoas	багато хто	[ba'ɦato hto]
todos	всі	[wsi]

em troca de ...	в обмін на...	[w 'ɔbmin na]
em troca	натомість	[na'tɔmistʲ]
à mão	вручну	[wrutʃ'nu]
pouco provável	навряд чи	[naw'rʲad tʃi]

provavelmente	мабуть	[ma'butʲ]
de propósito	навмисно	[naw'misno]
por acidente	випадково	[wipad'kɔwo]

muito	дуже	['duʒɛ]
por exemplo	наприклад	[na'priklad]
entre	між	[miʒ]
entre (no meio de)	серед	['sɛrɛd]
tanto	стільки	['stilʲki]
especialmente	особливо	[osob'liwo]

NÚMEROS. DIVERSOS

7. Números cardinais. Parte 1

zero	нуль	[nulʲ]
um	один	[oˈdin]
dois	два	[dwa]
três	три	[tri]
quatro	чотири	[tʃoˈtiri]
cinco	п'ять	[pʲatʲ]
seis	шість	[ʃistʲ]
sete	сім	[sim]
oito	вісім	[ˈwisim]
nove	дев'ять	[ˈdɛwʲatʲ]
dez	десять	[ˈdɛsʲatʲ]
onze	одинадцять	[odiˈnadtsʲatʲ]
doze	дванадцять	[dwaˈnadtsʲatʲ]
treze	тринадцять	[triˈnadtsʲatʲ]
catorze	чотирнадцять	[tʃotirˈnadtsʲatʲ]
quinze	п'ятнадцять	[pʲatˈnadtsʲatʲ]
dezesseis	шістнадцять	[ʃistˈnadtsʲatʲ]
dezessete	сімнадцять	[simˈnadtsʲatʲ]
dezoito	вісімнадцять	[wisimˈnadtsʲatʲ]
dezenove	дев'ятнадцять	[dɛwʲatˈnadtsʲatʲ]
vinte	двадцять	[ˈdwadtsʲatʲ]
vinte e um	двадцять один	[ˈdwadtsʲatʲ oˈdin]
vinte e dois	двадцять два	[ˈdwadtsʲatʲ dwa]
vinte e três	двадцять три	[ˈdwadtsʲatʲ tri]
trinta	тридцять	[ˈtridtsʲatʲ]
trinta e um	тридцять один	[ˈtridtsʲatʲ oˈdin]
trinta e dois	тридцять два	[ˈtridtsʲatʲ dwa]
trinta e três	тридцять три	[ˈtridtsʲatʲ tri]
quarenta	сорок	[ˈsɔrok]
quarenta e um	сорок один	[ˈsɔrok oˈdin]
quarenta e dois	сорок два	[ˈsɔrok dwa]
quarenta e três	сорок три	[ˈsɔrok tri]
cinquenta	п'ятдесят	[pʲatdɛˈsʲat]
cinquenta e um	п'ятдесят один	[pʲatdɛˈsʲat oˈdin]
cinquenta e dois	п'ятдесят два	[pʲatdɛˈsʲat dwa]
cinquenta e três	п'ятдесят три	[pʲatdɛˈsʲat tri]
sessenta	шістдесят	[ʃizdɛˈsʲat]
sessenta e um	шістдесят один	[ʃizdɛˈsʲat oˈdin]

sessenta e dois	шістдесят два	[ʃizdɛ'sʲat dwa]
sessenta e três	шістдесят три	[ʃizdɛ'sʲat tri]
setenta	сімдесят	[simdɛ'sʲat]
setenta e um	сімдесят один	[simdɛ'sʲat odɨn]
setenta e dois	сімдесят два	[simdɛ'sʲat dwa]
setenta e três	сімдесят три	[simdɛ'sʲat tri]
oitenta	вісімдесят	[wisimdɛ'sʲat]
oitenta e um	вісімдесят один	[wisimdɛ'sʲat o'dɨn]
oitenta e dois	вісімдесят два	[wisimdɛ'sʲat dwa]
oitenta e três	вісімдесят три	[wisimdɛ'sʲat tri]
noventa	дев'яносто	[dɛw²ʲa'nɔsto]
noventa e um	дев'яносто один	[dɛw²ʲa'nɔsto o'dɨn]
noventa e dois	дев'яносто два	[dɛw²ʲa'nɔsto dwa]
noventa e três	дев'яносто три	[dɛw²ʲa'nɔsto tri]

8. Números cardinais. Parte 2

cem	сто	[sto]
duzentos	двісті	['dwisti]
trezentos	триста	['trɨsta]
quatrocentos	чотириста	[ʧo'tɨrista]
quinhentos	п'ятсот	[p²ʲa'tsɔt]
seiscentos	шістсот	[ʃist'sɔt]
setecentos	сімсот	[sim'sɔt]
oitocentos	вісімсот	[wisim'sɔt]
novecentos	дев'ятсот	[dɛw²ʲa'tsɔt]
mil	тисяча	['tisʲaʧa]
dois mil	дві тисячі	[dwi 'tisʲaʧi]
três mil	три тисячі	[tri 'tisʲaʧi]
dez mil	десять тисяч	['dɛsʲatʲ 'tisʲaʧ]
cem mil	сто тисяч	[sto 'tisʲaʧ]
um milhão	мільйон (ч)	[milʲ'jɔn]
um bilhão	мільярд (ч)	[mi'ljard]

9. Números ordinais

primeiro (adj)	перший	['pɛrʃij]
segundo (adj)	другий	['druɦij]
terceiro (adj)	третій	['trɛtij]
quarto (adj)	четвертий	[ʧɛt'wɛrtij]
quinto (adj)	п'ятий	['p²ʲatij]
sexto (adj)	шостий	['ʃɔstij]
sétimo (adj)	сьомий	['sʲɔmij]
oitavo (adj)	восьмий	['wɔsʲmij]
nono (adj)	дев'ятий	[dɛ'w²ʲatij]
décimo (adj)	десятий	[dɛ'sʲatij]

CORES. UNIDADES DE MEDIDA

10. Cores

cor (f)	колір (ч)	['kɔlir]
tom (m)	відтінок (ч)	[wid'tinok]
tonalidade (m)	тон (ч)	[ton]
arco-íris (m)	веселка (ж)	[wɛ'sɛlka]
branco (adj)	білий	['bilij]
preto (adj)	чорний	['tʃɔrnij]
cinza (adj)	сірий	['sirij]
verde (adj)	зелений	[zɛ'lɛnij]
amarelo (adj)	жовтий	['ʒɔwtij]
vermelho (adj)	червоний	[tʃɛr'wɔnij]
azul (adj)	синій	['sinij]
azul claro (adj)	блакитний	[bla'kitnij]
rosa (adj)	рожевий	[ro'ʒɛwij]
laranja (adj)	помаранчевий	[poma'rantʃɛwij]
violeta (adj)	фіолетовий	[fio'lɛtowij]
marrom (adj)	коричневий	[ko'ritʃnɛwij]
dourado (adj)	золотий	[zolo'tij]
prateado (adj)	сріблястий	[srib'lʲastij]
bege (adj)	бежевий	['bɛʒɛwij]
creme (adj)	кремовий	['krɛmowij]
turquesa (adj)	бірюзовий	[birʲu'zɔwij]
vermelho cereja (adj)	вишневий	[wiʃ'nɛwij]
lilás (adj)	бузковий	[buz'kɔwij]
carmim (adj)	малиновий	[ma'linowij]
claro (adj)	світлий	['switlij]
escuro (adj)	темний	['tɛmnij]
vivo (adj)	яскравий	[jas'krawij]
de cor	кольоровий	[kolʲo'rɔwij]
a cores	кольоровий	[kolʲo'rɔwij]
preto e branco (adj)	чорно-білий	['tʃɔrno 'bilij]
unicolor (de uma só cor)	однобарвний	[odno'barwnij]
multicolor (adj)	різнобарвний	[rizno'barwnij]

11. Unidades de medida

peso (m)	вага (ж)	[wa'ɦa]
comprimento (m)	довжина (ж)	[dowʒi'na]

largura (f)	ширина (ж)	[ʃiri'na]
altura (f)	висота (ж)	[wiso'ta]
profundidade (f)	глибина (ж)	[ɦlibi'na]
volume (m)	об'єм (ч)	[o'bʲɛm]
área (f)	площа (ж)	['plɔɕa]

grama (m)	грам (ч)	[ɦram]
miligrama (m)	міліграм (ч)	[mili'ɦram]
quilograma (m)	кілограм (ч)	[kilo'ɦram]
tonelada (f)	тонна (ж)	['tɔna]
libra (453,6 gramas)	фунт (ч)	['funt]
onça (f)	унція (ж)	['untsiʲa]

metro (m)	метр (ч)	[mɛtr]
milímetro (m)	міліметр (ч)	[mili'mɛtr]
centímetro (m)	сантиметр (ч)	[santiʲ'mɛtr]
quilômetro (m)	кілометр (ч)	[kilo'mɛtr]
milha (f)	миля (ж)	['miɫʲa]

polegada (f)	дюйм (ч)	[dʲujm]
pé (304,74 mm)	фут (ч)	[fut]
jarda (914,383 mm)	ярд (ч)	[jard]

metro (m) quadrado	квадратний метр (ч)	[kwad'ratnij mɛtr]
hectare (m)	гектар (ч)	[ɦɛk'tar]

litro (m)	літр (ч)	[litr]
grau (m)	градус (ч)	['ɦradus]
volt (m)	вольт (ч)	[wolʲt]
ampère (m)	ампер (ч)	[am'pɛr]
cavalo (m) de potência	кінська сила (ж)	['kinsʲka 'siɫa]

quantidade (f)	кількість (ж)	['kilʲkistʲ]
um pouco de …	небагато…	[nɛba'ɦato]
metade (f)	половина (ж)	[polo'wina]
dúzia (f)	дюжина (ж)	['dʲuʒina]
peça (f)	штука (ж)	['ʃtuka]

tamanho (m), dimensão (f)	розмір (ч)	['rɔzmir]
escala (f)	масштаб (ч)	[masʃ'tab]

mínimo (adj)	мінімальний	[mini'malʲnij]
menor, mais pequeno	найменший	[naj'mɛnʃij]
médio (adj)	середній	[sɛ'rɛdnij]
máximo (adj)	максимальний	[maksiʲ'malʲnij]
maior, mais grande	найбільший	[naj'bilʲʃij]

12. Recipientes

pote (m) de vidro	банка (ж)	['banka]
lata (~ de cerveja)	банка (ж)	['banka]
balde (m)	відро (с)	[wid'rɔ]
barril (m)	бочка (ж)	['bɔtʃka]
bacia (~ de plástico)	таз (ч)	[taz]

tanque (m)	бак (ч)	[bak]
cantil (m) de bolso	фляжка (ж)	['flʲaʒka]
galão (m) de gasolina	каністра (ж)	[ka'nistra]
cisterna (f)	цистерна (ж)	[tsis'tɛrna]
caneca (f)	кухоль (ч)	['kuholʲ]
xícara (f)	чашка (ж)	['tʃaʃka]
pires (m)	блюдце (с)	['blʲudtsɛ]
copo (m)	склянка (ж)	['sklʲanka]
taça (f) de vinho	келих (ч)	['kɛlih]
panela (f)	каструля (ж)	[kas'trulʲa]
garrafa (f)	пляшка (ж)	['plʲaʃka]
gargalo (m)	горлечко	['hɔrlɛtʃko]
jarra (f)	карафа (ж)	[ka'rafa]
jarro (m)	глечик (ч)	['hlɛtʃik]
recipiente (m)	посудина (ж)	[po'sudɨna]
pote (m)	горщик (ч)	['hɔrɕik]
vaso (m)	ваза (ж)	['waza]
frasco (~ de perfume)	флакон (ч)	[fla'kɔn]
frasquinho (m)	пляшечка (ж)	['plʲaʃɛtʃka]
tubo (m)	тюбик (ч)	['tʲubɨk]
saco (ex. ~ de açúcar)	мішок (ч)	[mi'ʃɔk]
sacola (~ plastica)	пакет (ч)	[pa'kɛt]
maço (de cigarros, etc.)	пачка (ж)	['patʃka]
caixa (~ de sapatos, etc.)	коробка (ж)	[ko'rɔbka]
caixote (~ de madeira)	ящик (ч)	['aɕik]
cesto (m)	кошик (ч)	['kɔʃik]

VERBOS PRINCIPAIS

13. Os verbos mais importantes. Parte 1

abrir (vt)	відчинити	[wid͡tʃiˈniti]
acabar, terminar (vt)	закінчувати	[zaˈkint͡ʃuwati]
aconselhar (vt)	радити	[ˈraditi]
adivinhar (vt)	вгадати	[wɦaˈdati]
advertir (vt)	попереджувати	[pɔpɛˈrɛd͡ʒuwati]

ajudar (vt)	допомагати	[dopomaˈɦati]
almoçar (vi)	обідати	[oˈbidati]
alugar (~ um apartamento)	зняти	[ˈznʲati]
amar (pessoa)	кохати	[koˈhati]
ameaçar (vt)	погрожувати	[poɦˈrɔʒuwati]

anotar (escrever)	записувати	[zaˈpisuwati]
apressar-se (vr)	поспішати	[pospiˈʃati]
arrepender-se (vr)	жалкувати	[ʒalkuˈwati]
assinar (vt)	підписувати	[pidˈpisuwati]
brincar (vi)	жартувати	[ʒartuˈwati]

brincar, jogar (vi, vt)	грати	[ˈɦrati]
buscar (vt)	шукати	[ʃuˈkatɨ]
caçar (vi)	полювати	[polʲuˈwati]
cair (vi)	падати	[ˈpadati]

| cavar (vt) | рити | [ˈriti] |
| chamar (~ por socorro) | кликати | [ˈklikati] |

chegar (vi)	приїжджати	[prijiz̩ˈzati]
chorar (vi)	плакати	[ˈplakati]
começar (vt)	починати	[pot͡ʃiˈnati]

| comparar (vt) | порівнювати | [poˈriwnʲuwati] |
| concordar (dizer "sim") | погоджуватися | [poˈɦɔd͡ʒuwatisʲa] |

confiar (vt)	довіряти	[dowiˈrʲati]
confundir (equivocar-se)	плутати	[ˈplutati]
conhecer (vt)	знати	[ˈznati]
contar (fazer contas)	лічити	[liˈt͡ʃiti]

| contar com ... | розраховувати на... | [rozraˈɦɔwuwati na] |
| continuar (vt) | продовжувати | [proˈdɔwʒuwati] |

controlar (vt)	контролювати	[kontrolʲuˈwati]
convidar (vt)	запрошувати	[zaˈprɔʃuwati]
correr (vi)	бігти	[ˈbiɦti]
criar (vt)	створити	[stwoˈriti]
custar (vt)	коштувати	[ˈkɔʃtuwati]

14. Os verbos mais importantes. Parte 2

dar (vt)	давати	[da'wati]
dar uma dica	підказати	[pidka'zati]
decorar (enfeitar)	прикрашати	[prikra'ʃati]
defender (vt)	захищати	[zahi'çati]
deixar cair (vt)	упускати	[upus'kati]

descer (para baixo)	спускатися	[spus'katisʲa]
desculpar (vt)	вибачати	[wiba'tʃati]
desculpar-se (vr)	вибачатися	[wiba'tʃatisʲa]
dirigir (~ uma empresa)	керувати	[kɛru'wati]
discutir (notícias, etc.)	обговорювати	[obɦo'worʲuwati]

disparar, atirar (vi)	стріляти	[stri'lʲati]
dizer (vt)	сказати	[ska'zati]
duvidar (vt)	сумніватися	[sumni'watisʲa]
encontrar (achar)	знаходити	[zna'hɔditi]
enganar (vt)	обманювати	[ob'manʲuwati]

entender (vt)	розуміти	[rozu'miti]
entrar (na sala, etc.)	входити	['whɔditi]
enviar (uma carta)	відправляти	[widpraw'lʲati]
errar (enganar-se)	помилятися	[pomi'lʲatisʲa]
escolher (vt)	вибирати	[wibi'rati]

esconder (vt)	ховати	[ho'wati]
escrever (vt)	писати	[pi'sati]
esperar (aguardar)	чекати	[tʃɛ'kati]
esperar (ter esperança)	сподіватися	[spodi'watisʲa]
esquecer (vt)	забувати	[zabu'wati]

estudar (vt)	вивчати	[wiw'tʃati]
exigir (vt)	вимагати	[wima'ɦati]
existir (vi)	існувати	[isnu'wati]
explicar (vt)	пояснювати	[poʲasnʲuwati]

falar (vi)	говорити	[ɦowo'riti]
faltar (a la escuela, etc.)	пропускати	[propus'kati]
fazer (vt)	робити	[ro'biti]
ficar em silêncio	мовчати	[mow'tʃati]
gabar-se (vr)	хвалитися	[hwa'litisʲa]

gostar (apreciar)	подобатися	[po'dɔbatisʲa]
gritar (vi)	кричати	[kri'tʃati]
guardar (fotos, etc.)	зберігати	[zbɛri'ɦati]

informar (vt)	інформувати	[informu'wati]
insistir (vi)	напопягати	[napolʲa'ɦati]

insultar (vt)	ображати	[obra'ʒati]
interessar-se (vr)	цікавитися	[ʦi'kawitisʲa]
ir (a pé)	йти	[jti]
ir nadar	купатися	[ku'patisʲa]
jantar (vi)	вечеряти	[wɛ'tʃɛrʲati]

15. Os verbos mais importantes. Parte 3

ler (vt)	читати	[tʃiˈtati]
libertar, liberar (vt)	звільняти	[zwilʲˈnʲati]
matar (vt)	убивати	[ubɨˈwati]
mencionar (vt)	згадувати	[ˈzɦaduwati]
mostrar (vt)	показувати	[poˈkazuwati]

mudar (modificar)	змінювати	[ˈzminʲuwati]
nadar (vi)	плавати	[ˈplawati]
negar-se a … (vr)	відмовлятися	[widmowˈlʲatisʲa]
objetar (vt)	заперечувати	[zapɛˈrɛtʃuwati]

observar (vt)	спостерігати	[spostɛriˈɦati]
ordenar (mil.)	наказувати	[naˈkazuwati]
ouvir (vt)	чути	[ˈtʃuti]
pagar (vt)	платити	[plaˈtiti]
parar (vi)	зупинятися	[zupɨˈnʲatisʲa]

parar, cessar (vt)	припиняти	[pripɨˈnʲati]
participar (vi)	брати участь	[ˈbrati ˈutʃastʲ]
pedir (comida, etc.)	замовляти	[zamowˈlʲati]
pedir (um favor, etc.)	просити	[proˈsiti]
pegar (tomar)	брати	[ˈbrati]

pegar (uma bola)	ловити	[loˈwiti]
pensar (vi, vt)	думати	[ˈdumati]
perceber (ver)	помічати	[pomiˈtʃati]
perdoar (vt)	прощати	[proˈɕati]
perguntar (vt)	запитувати	[zaˈpituwati]

permitir (vt)	дозволяти	[dozwoˈlʲati]
pertencer a … (vi)	належати	[naˈlɛʒati]
planejar (vt)	планувати	[planuˈwati]
poder (~ fazer algo)	могти	[moɦˈti]
possuir (uma casa, etc.)	володіти	[woloˈditi]

preferir (vt)	воліти	[woˈliti]
preparar (vt)	готувати	[ɦotuˈwati]
prever (vt)	передбачити	[pɛrɛdˈbatʃiti]
prometer (vt)	обіцяти	[obiˈʦʲati]
pronunciar (vt)	вимовляти	[wɨmowˈlʲati]

propor (vt)	пропонувати	[proponuˈwati]
punir (castigar)	покарати	[pokaˈrati]
quebrar (vt)	ламати	[laˈmati]
queixar-se de …	скаржитися	[ˈskarʒitisʲa]
querer (desejar)	хотіти	[hoˈtiti]

16. Os verbos mais importantes. Parte 4

| ralhar, repreender (vt) | лаяти | [ˈlajati] |
| recomendar (vt) | рекомендувати | [rɛkomɛnduˈwati] |

repetir (dizer outra vez)	повторювати	[pow'tor'uwati]
reservar (~ um quarto)	резервувати	[rɛzɛrwu'wati]
responder (vt)	відповідати	[widpowi'dati]

rezar, orar (vi)	молитися	[mo'litis'a]
rir (vi)	сміятися	[smi'l'atis'a]
roubar (vt)	красти	['krasti]
saber (vt)	знати	['znati]
sair (~ de casa)	виходити	[wi'hoditi]

salvar (resgatar)	рятувати	[r'atu'wati]
seguir (~ alguém)	іти слідом	[i'ti 'slidom]
sentar-se (vr)	сідати	[si'dati]
ser necessário	бути потрібним	['buti po'tribnim]

ser, estar	бути	['buti]
significar (vt)	означати	[ozna'ʧati]
sorrir (vi)	посміхатися	[posmi'hatis'a]
subestimar (vt)	недооцінювати	[nɛdoo'tsin'uwati]
surpreender-se (vr)	дивуватись	[diwu'watis']

tentar (~ fazer)	пробувати	['probuwati]
ter (vt)	мати	['mati]
ter fome	хотіти їсти	[ho'titi 'jisti]

ter medo	боятися	[bo'l'atis'a]
ter sede	хотіти пити	[ho'titi 'piti]
tocar (com as mãos)	торкати	[tor'kati]
tomar café da manhã	снідати	['snidati]
trabalhar (vi)	працювати	[prats'u'wati]
traduzir (vt)	перекладати	[pɛrɛkla'dati]

unir (vt)	об'єднувати	[o'b'ɛdnuwati]
vender (vt)	продавати	[proda'wati]
ver (vt)	бачити	['batʃiti]
virar (~ para a direita)	повертати	[powɛr'tati]
voar (vi)	летіти	[lɛ'titi]

TEMPO. CALENDÁRIO

17. Dias da semana

segunda-feira (f)	понеділок (ч)	[ponɛ'dilok]
terça-feira (f)	вівторок (ч)	[wiw'tɔrok]
quarta-feira (f)	середа (ж)	[sɛrɛ'da]
quinta-feira (f)	четвер (ч)	[ʧɛt'wɛr]
sexta-feira (f)	п'ятниця (ж)	['pʲʲatnitsʲa]
sábado (m)	субота (ж)	[su'bota]
domingo (m)	неділя (ж)	[nɛ'dilʲa]

hoje	сьогодні	[sʲo'ɦɔdni]
amanhã	завтра	['zawtra]
depois de amanhã	післязавтра	[pislʲa'zawtra]
ontem	вчора	['wʧɔra]
anteontem	позавчора	[pozaw'ʧɔra]

dia (m)	день (ч)	[dɛnʲ]
dia (m) de trabalho	робочий день (ч)	[ro'boʧij dɛnʲ]
feriado (m)	святковий день (ч)	[swʲat'kɔwij dɛnʲ]
dia (m) de folga	вихідний день (ч)	[wɨhid'nij dɛnʲ]
fim (m) de semana	вихідні (мн)	[wɨhid'ni]

o dia todo	весь день	[wɛsʲ dɛnʲ]
no dia seguinte	на наступний день	[na na'stupnij dɛnʲ]
há dois dias	2 дні тому	[dwa dni 'tɔmu]
na véspera	напередодні	[napɛrɛ'dɔdni]
diário (adj)	щоденний	[ɕo'dɛnij]
todos os dias	щодня	[ɕod'nʲa]

semana (f)	тиждень (ч)	['tɨʒdɛnʲ]
na semana passada	на минулому тижні	[na mɨ'nulomu 'tɨʒni]
semana que vem	на наступному тижні	[na na'stupnomu 'tɨʒni]
semanal (adj)	щотижневий	[ɕotɨʒ'nɛwij]
toda semana	щотижня	[ɕo'tɨʒnʲa]
duas vezes por semana	два рази на тиждень	[dwa 'razɨ na 'tɨʒdɛnʲ]
toda terça-feira	кожен вівторок	['kɔʒɛn wiw'tɔrok]

18. Horas. Dia e noite

manhã (f)	ранок (ч)	['ranok]
de manhã	вранці	['wrantsi]
meio-dia (m)	полудень (ч)	['pɔludɛnʲ]
à tarde	після обіду	['pislʲa o'bidu]

tardinha (f)	вечір (ч)	['wɛʧir]
à tardinha	увечері	[u'wɛʧeri]

noite (f)	ніч (ж)	[nitʃ]
à noite	уночі	[uno'tʃi]
meia-noite (f)	північ (ж)	['piwnitʃ]
segundo (m)	секунда (ж)	[sɛ'kunda]
minuto (m)	хвилина (ж)	[hwi'lina]
hora (f)	година (ж)	[ɦo'dina]
meia hora (f)	півгодини (мн)	[piwɦo'dini]
quarto (m) de hora	чверть (ж) години	[tʃwɛrtʲ ɦo'dini]
quinze minutos	15 хвилин	[pʲat'nadtsʲatʲ hwi'lin]
vinte e quatro horas	доба (ж)	[do'ba]
nascer (m) do sol	схід (ч) сонця	[shid 'sɔntsʲa]
amanhecer (m)	світанок (ч)	[swi'tanok]
madrugada (f)	ранній ранок (ч)	['ranij 'ranok]
pôr-do-sol (m)	захід (ч)	['zahid]
de madrugada	рано вранці	['rano 'wrantsi]
esta manhã	сьогодні вранці	[sʲo'ɦodni 'wrantsi]
amanhã de manhã	завтра вранці	['zawtra 'wrantsi]
esta tarde	сьогодні вдень	[sʲo'ɦodni wdɛnʲ]
à tarde	після обіду	['pislʲa o'bidu]
amanhã à tarde	завтра після обіду	['zawtra 'pislʲa o'bidu]
esta noite, hoje à noite	сьогодні увечері	[sʲo'ɦodni u'wɛtʃɛri]
amanhã à noite	завтра увечері	['zawtra u'wɛtʃɛri]
às três horas em ponto	рівно о третій годині	['riwno o tʲretij ɦo'dini]
por volta das quatro	біля четвертої години	['bilʲa tʃɛt'wɛrtojɨ ɦo'dini]
às doze	до дванадцятої години	[do dwa'nadtsʲatojɨ ɦo'dini]
em vinte minutos	за двадцять хвилин	[za 'dwadtsʲatʲ hwi'lin]
em uma hora	за годину	[za ɦo'dinu]
a tempo	вчасно	['wtʃasno]
… um quarto para	без чверті	[bɛz 'tʃwɛrti]
dentro de uma hora	протягом години	['protʲaɦom ɦo'dini]
a cada quinze minutos	кожні п'ятнадцять хвилин	['kɔʒni pʲat'nadtsʲatʲ hwi'lin]
as vinte e quatro horas	цілодобово	[tsilodo'bɔwo]

19. Meses. Estações

janeiro (m)	січень (ч)	['sitʃɛnʲ]
fevereiro (m)	лютий (ч)	['lʲutij]
março (m)	березень (ч)	['bɛrɛzɛnʲ]
abril (m)	квітень (ч)	['kwitɛnʲ]
maio (m)	травень (ч)	['trawɛnʲ]
junho (m)	червень (ч)	['tʃɛrwɛnʲ]
julho (m)	липень (ч)	['lipɛnʲ]
agosto (m)	серпень (ч)	['sɛrpɛnʲ]
setembro (m)	вересень (ч)	['wɛrɛsɛnʲ]
outubro (m)	жовтень (ч)	['ʒowtɛnʲ]

novembro (m)	листопад (ч)	[listo'pad]
dezembro (m)	грудень (ч)	['ɦrudɛnʲ]
primavera (f)	весна (ж)	[wɛs'na]
na primavera	навесні	[nawɛs'ni]
primaveril (adj)	весняний	[wɛs'nʲanij]
verão (m)	літо (c)	['lito]
no verão	влітку	['wlitku]
de verão	літній	['litnij]
outono (m)	осінь (ж)	['ɔsinʲ]
no outono	восени	[wosɛ'nɨ]
outonal (adj)	осінній	[o'sinij]
inverno (m)	зима (ж)	[zɨ'ma]
no inverno	взимку	['wzɨmku]
de inverno	зимовий	[zɨ'mɔwij]
mês (m)	місяць (ч)	['misʲats]
este mês	в цьому місяці	[w tsʲomu 'misʲatsi]
mês que vem	в наступному місяці	[w na'stupnomu 'misʲatsi]
no mês passado	в минулому місяці	[w mɨ'nulomu 'misʲatsi]
um mês atrás	місяць тому	['misʲats 'tomu]
em um mês	через місяць	['tʃɛrɛz 'misʲats]
em dois meses	через 2 місяці	['tʃɛrɛz dwa 'misʲatsi]
todo o mês	весь місяць	[wɛsʲ 'misʲats]
um mês inteiro	цілий місяць	['tsilɨj 'misʲats]
mensal (adj)	щомісячний	[ɕo'misʲatʃnij]
mensalmente	щомісяця	[ɕo'misʲatsʲa]
todo mês	кожний місяць	['kɔʒnɨj 'misʲats]
duas vezes por mês	два рази на місяць	[dwa 'razɨ na 'misʲats]
ano (m)	рік (ч)	[rik]
este ano	в цьому році	[w tsʲomu 'rɔtsi]
ano que vem	в наступному році	[w na'stupnomu 'rɔtsi]
no ano passado	в минулому році	[w mɨ'nulomu 'rɔtsi]
há um ano	рік тому	[rik 'tomu]
em um ano	через рік	['tʃɛrɛz rik]
dentro de dois anos	через два роки	['tʃɛrɛz dwa 'rɔki]
todo o ano	увесь рік	[u'wɛsʲ rik]
um ano inteiro	цілий рік	['tsilɨj rik]
cada ano	кожен рік	['kɔʒɛn 'rik]
anual (adj)	щорічний	[ɕo'ritʃnij]
anualmente	щороку	[ɕo'rɔku]
quatro vezes por ano	чотири рази на рік	[tʃo'tɨrɨ 'razɨ na rik]
data (~ de hoje)	число (c)	[tʃɨs'lɔ]
data (ex. ~ de nascimento)	дата (ж)	['data]
calendário (m)	календар (ч)	[kalɛn'dar]
meio ano	півроку	[piw'rɔku]
seis meses	піврічча (c)	[piw'ritʃʲa]

| estação (f) | сезон (ч) | [sɛ'zɔn] |
| século (m) | вік (ч) | [wik] |

VIAGENS. HOTEL

turismo (m)	туризм (ч)	[tuˈrizm]
turista (m)	турист (ч)	[tuˈrist]
viagem (f)	мандрівка (ж)	[mandˈriwka]
aventura (f)	пригода (ж)	[priˈɦɔda]
percurso (curta viagem)	поїздка (ж)	[poˈjizdka]

férias (f pl)	відпустка (ж)	[widˈpustka]
estar de férias	бути у відпустці	[ˈbutɨ u widˈpusttsi]
descanso (m)	відпочинок (ч)	[widpoˈtʃinok]

trem (m)	поїзд (ч)	[ˈpɔjizd]
de trem (chegar ~)	поїздом	[ˈpɔjizdom]
avião (m)	літак (ч)	[liˈtak]
de avião	літаком	[litaˈkɔm]
de carro	автомобілем	[awtomoˈbilɛm]
de navio	кораблем	[korabˈlɛm]

bagagem (f)	багаж (ч)	[baˈɦaʒ]
mala (f)	валіза (ж)	[waˈliza]
carrinho (m)	візок (ч) для багажу	[wiˈzɔk dlʲa baɦaˈʒu]

passaporte (m)	паспорт (ч)	[ˈpasport]
visto (m)	віза (ж)	[ˈwiza]
passagem (f)	квиток (ч)	[kwiˈtɔk]
passagem (f) aérea	авіаквиток (ч)	[awiakwiˈtɔk]

guia (m) de viagem	путівник (ч)	[putiwˈnik]
mapa (m)	карта (ж)	[ˈkarta]
área (f)	місцевість (ж)	[misˈtsɛwistʲ]
lugar (m)	місце (c)	[ˈmistsɛ]

exotismo (m)	екзотика (ж)	[ɛkˈzɔtika]
exótico (adj)	екзотичний	[ɛkzoˈtitʃnij]
surpreendente (adj)	дивовижний	[ˈdiwowɨʒnij]

grupo (m)	група (ж)	[ˈɦrupa]
excursão (f)	екскурсія (ж)	[ɛksˈkursiʲa]
guia (m)	екскурсовод (ч)	[ɛkskursoˈwɔd]

hotel (m), hospedaria (f)	готель (ч)	[ɦoˈtɛlʲ]
motel (m)	мотель (ч)	[moˈtɛlʲ]
três estrelas	три зірки	[trɨ ˈzirkɨ]

| cinco estrelas | п'ять зірок | [p²ʲatʲ zi'rɔk] |
| ficar (vi, vt) | зупинитися | [zupi'nitisʲa] |

quarto (m)	номер (ч)	['nɔmɛr]
quarto (m) individual	одномісний номер (ч)	[odno'misnij nomɛr]
quarto (m) duplo	двомісний номер (ч)	[dwo'misnij 'nɔmɛr]
reservar um quarto	бронювати номер	[bronʲu'watʲ 'nɔmɛr]

| meia pensão (f) | напівпансіон (ч) | [napiwpansi'ɔn] |
| pensão (f) completa | повний пансіон (ч) | ['pɔwnij pansi'ɔn] |

com banheira	з ванною	[z 'wanoʲu]
com chuveiro	з душем	[z 'duʃɛm]
televisão (m) por satélite	супутникове телебачення (c)	[su'putnikowɛ tɛlɛ'batʃɛnʲa]
ar (m) condicionado	кондиціонер (ч)	[kondiʦio'nɛr]
toalha (f)	рушник (ч)	[ruʃ'nik]
chave (f)	ключ (ч)	[klʲutʃ]

administrador (m)	адміністратор (ч)	[admini'strator]
camareira (f)	покоївка (ж)	[poko'jiwka]
bagageiro (m)	носильник (ч)	[no'silʲnik]
porteiro (m)	портьє (ч)	[por'tʲɛ]

restaurante (m)	ресторан (ч)	[rɛsto'ran]
bar (m)	бар (ч)	[bar]
café (m) da manhã	сніданок (ч)	[sni'danok]
jantar (m)	вечеря (ж)	[wɛ'tʃɛrʲa]
bufê (m)	шведський стіл (ч)	['ʃwɛdsʲkij stil]

| saguão (m) | вестибюль (ч) | [wɛsti'bʲulʲ] |
| elevador (m) | ліфт (ч) | [lift] |

| NÃO PERTURBE | НЕ ТУРБУВАТИ | [nɛ turbu'wati] |
| PROIBIDO FUMAR! | ПАЛИТИ ЗАБОРОНЕНО | [pa'litʲ zabo'rɔnɛno] |

22. Turismo

monumento (m)	пам'ятник (ч)	['pam²ʲatnik]
fortaleza (f)	фортеця (ж)	[for'tɛʦʲa]
palácio (m)	палац (ч)	[pa'laʦ]
castelo (m)	замок (ч)	['zamok]
torre (f)	вежа (ж)	['wɛʒa]
mausoléu (m)	мавзолей (ч)	[mawzo'lɛj]

arquitetura (f)	архітектура (ж)	[arhitɛk'tura]
medieval (adj)	середньовічний	[sɛrɛdnʲo'witʃnij]
antigo (adj)	старовинний	[staro'winij]
nacional (adj)	національний	[naʦio'nalʲnij]
famoso, conhecido (adj)	відомий	[wi'dɔmij]

turista (m)	турист (ч)	[tu'rist]
guia (pessoa)	гід (ч)	[ɦid]
excursão (f)	екскурсія (ж)	[ɛks'kursiʲa]

| mostrar (vt) | показувати | [po'kazuwati] |
| contar (vt) | розповідати | [rozpowi'dati] |

encontrar (vt)	знайти	[znaj'ti]
perder-se (vr)	загубитися	[zaɦu'bitisʲa]
mapa (~ do metrô)	схема (ж)	['shɛma]
mapa (~ da cidade)	план (ч)	[plan]

lembrança (f), presente (m)	сувенір (ч)	[suwɛ'nir]
loja (f) de presentes	магазин (ч) сувенірів	[maɦa'zin suwɛ'niriw]
tirar fotos, fotografar	фотографувати	[fotoɦrafu'wati]
fotografar-se (vr)	фотографуватися	[fotoɦrafu'watisʲa]

TRANSPORTES

23. Aeroporto

Português	Українська	Pronúncia
aeroporto (m)	аеропорт (ч)	[aɛro'pɔrt]
avião (m)	літак (ч)	[li'tak]
companhia (f) aérea	авіакомпанія (ж)	[awiakom'pani‖a]
controlador (m) de tráfego aéreo	авіадиспетчер (ч)	[awiadɨs'pɛtʃɛr]
partida (f)	виліт (ч)	['wɨlit]
chegada (f)	приліт (ч), прибуття (с)	[pri'lit], [pribu't‖a]
chegar (vi)	прилетіти	[pri'lɛtiti]
hora (f) de partida	час (ч) вильоту	[tʃas 'wɨl‖otu]
hora (f) de chegada	час (ч) прильоту	[tʃas pril‖otu]
estar atrasado	затримуватися	[za'trɨmuwatɨs‖a]
atraso (m) de voo	затримка (ж) вильоту	[za'trɨmka 'wɨl‖otu]
painel (m) de informação	інформаційне табло (с)	[informa'tsijnɛ tab'lɔ]
informação (f)	інформація (ж)	[infor'matsi‖a]
anunciar (vt)	оголошувати	[oɦo'lɔʃuwatɨ]
voo (m)	рейс (ч)	[rɛjs]
alfândega (f)	митниця (ж)	['mitnɨts‖a]
funcionário (m) da alfândega	митник (ч)	['mitnɨk]
declaração (f) alfandegária	митна декларація (ж)	['mitna dɛkla'ratsi‖a]
preencher (vt)	заповнити	[za'pɔwnɨti]
preencher a declaração	заповнити декларацію	[za'pɔwnɨti dɛkla'ratsi‖u]
controle (m) de passaporte	паспортний контроль (ч)	['pasportnɨj kon'trɔl‖]
bagagem (f)	багаж (ч)	[ba'ɦaʒ]
bagagem (f) de mão	ручний вантаж (ж)	[rutʃ'nɨj wan'taʒ]
carrinho (m)	візок (ч) для багажу	[wi'zɔk dl‖a baɦa'ʒu]
pouso (m)	посадка (ж)	[po'sadka]
pista (f) de pouso	посадкова смуга (ж)	[po'sadkowa 'smuɦa]
aterrissar (vi)	сідати	[si'datɨ]
escada (f) de avião	трап (ч)	[trap]
check-in (m)	реєстрація (ж)	[rɛɛ'stratsi‖a]
balcão (m) do check-in	стійка (ж) реєстрації	['stijka rɛɛ'stratsiji]
fazer o check-in	зареєструватися	[zarɛɛstru'watɨs‖a]
cartão (m) de embarque	посадковий талон (ч)	[po'sadkowɨj ta'lɔn]
portão (m) de embarque	вихід (ч)	['wɨhid]
trânsito (m)	транзит (ч)	[tran'zɨt]
esperar (vi, vt)	чекати	[tʃɛ'katɨ]

sala (f) de espera	зал (ч) очікування	['zal o'tʃikuwanʲa]
despedir-se (acompanhar)	проводжати	[prowo'dʒati]
despedir-se (dizer adeus)	прощатися	[pro'ɕatisʲa]

24. Avião

avião (m)	літак (ч)	[li'tak]
passagem (f) aérea	авіаквиток (ч)	[awiakwi'tɔk]
companhia (f) aérea	авіакомпанія (ж)	[awiakom'paniʲa]
aeroporto (m)	аеропорт (ч)	[aɛro'pɔrt]
supersônico (adj)	надзвуковий	[nadzwuko'wij]

comandante (m) do avião	командир (ч) корабля	[koman'dir korab'lʲa]
tripulação (f)	екіпаж (ч)	[ɛki'paʒ]
piloto (m)	пілот (ч)	[pi'lɔt]
aeromoça (f)	стюардеса (ж)	[stʲuar'dɛsa]
copiloto (m)	штурман (ч)	['ʃturman]

asas (f pl)	крила (мн)	['krila]
cauda (f)	хвіст (ч)	[hwist]
cabine (f)	кабіна (ж)	[ka'bina]
motor (m)	двигун (ч)	[dwi'ɦun]

| trem (m) de pouso | шасі (c) | [ʃa'si] |
| turbina (f) | турбіна (ж) | [tur'bina] |

| hélice (f) | пропелер (ч) | [pro'pɛlɛr] |
| caixa-preta (f) | чорна скринька (ж) | ['tʃɔrna 'skrinʲka] |

| coluna (f) de controle | штурвал (ч) | [ʃtur'wal] |
| combustível (m) | пальне (c) | [palʲ'nɛ] |

instruções (f pl) de segurança	інструкція (ж) з безпеки	[in'struktsiʲa z bɛz'pɛki]
máscara (f) de oxigênio	киснева маска (ж)	['kisnɛwa 'maska]
uniforme (m)	уніформа (ж)	[uni'forma]

| colete (m) salva-vidas | рятувальний жилет (ч) | [rʲatu'walʲnij ʒi'lɛt] |
| paraquedas (m) | парашут (ч) | [para'ʃut] |

decolagem (f)	зліт (ч)	[zlit]
descolar (vi)	злітати	[zli'tati]
pista (f) de decolagem	злітна смуга (ж)	['zlitna 'smuɦa]

| visibilidade (f) | видимість (ж) | ['widimistʲ] |
| voo (m) | політ (ч) | [po'lit] |

| altura (f) | висота (ж) | [wiso'ta] |
| poço (m) de ar | повітряна яма (ж) | [po'witrʲana 'jama] |

assento (m)	місце (c)	['mistsɛ]
fone (m) de ouvido	навушники (мн)	[na'wuʃniki]
mesa (f) retrátil	відкидний столик (ч)	[widkid'nij 'stɔlik]
janela (f)	ілюмінатор (ч)	[ilʲumi'nator]
corredor (m)	прохід (ч)	[pro'hid]

25. Comboio

trem (m)	поїзд (ч)	['pɔjizd]
trem (m) elétrico	електропоїзд (ч)	[ɛlɛktro'pɔjizd]
trem (m)	швидкий поїзд (ч)	[ʃwid'kij 'pɔjizd]
locomotiva (f) diesel	тепловоз (ч)	[tɛplo'wɔz]
locomotiva (f) a vapor	паровоз (ч)	[paro'wɔz]
vagão (f) de passageiros	вагон (ч)	[wa'hɔn]
vagão-restaurante (m)	вагон-ресторан (ч)	[wa'hɔn rɛsto'ran]
carris (m pl)	рейки (мн)	['rɛjki]
estrada (f) de ferro	залізниця (ж)	[zaliz'nitsʲa]
travessa (f)	шпала (ж)	['ʃpala]
plataforma (f)	платформа (ж)	[plat'fɔrma]
linha (f)	колія ᴅᴋ)	['kɔliʲa]
semáforo (m)	семафор (ч)	[sɛma'fɔr]
estação (f)	станція (ж)	['stantsiʲa]
maquinista (m)	машиніст (ч)	[maʃi'nist]
bagageiro (m)	носильник (ч)	[no'silʲnik]
hospedeiro, -a (m, f)	провідник (ч)	[prowid'nik]
passageiro (m)	пасажир (ч)	[pasa'ʒir]
revisor (m)	контролер (ч)	[kontro'lɛr]
corredor (m)	коридор (ч)	[kori'dɔr]
freio (m) de emergência	стоп-кран (ч)	[stop kran]
compartimento (m)	купе (с)	[ku'pɛ]
cama (f)	полиця (ж)	[po'litsʲa]
cama (f) de cima	полиця (ж) верхня	[po'litsʲa 'wɛrhnʲa]
cama (f) de baixo	полиця (ж) нижня	[po'litsʲa 'niʒnʲa]
roupa (f) de cama	білизна (ж)	[bi'lizna]
passagem (f)	квиток (ч)	[kwi'tɔk]
horário (m)	розклад (ч)	['rɔzklad]
painel (m) de informação	табло (с)	[tab'lɔ]
partir (vt)	від'їжджати	[wid'jiz'zati]
partida (f)	відправлення (с)	[wid'prawlɛnʲa]
chegar (vi)	прибувати	[pribu'wati]
chegada (f)	прибуття (с)	[pribut'tʲa]
chegar de trem	приїхати поїздом	[pri'jihati 'pɔjizdom]
pegar o trem	сісти на поїзд	['sisti na 'pɔjizd]
descer de trem	зійти з поїзду	[zij'ti z 'pɔjizdu]
acidente (m) ferroviário	катастрофа (ж)	[kata'strɔfa]
descarrilar (vi)	зійти з рейок	[zij'ti z 'rɛjok]
locomotiva (f) a vapor	паровоз (ч)	[paro'wɔz]
foguista (m)	кочегар (ч)	[kotʃɛ'har]
fornalha (f)	топка (ж)	['tɔpka]
carvão (m)	вугілля (с)	[wu'hilʲa]

26. Barco

navio (m)	корабель (ч)	[kora'bɛlʲ]
embarcação (f)	судно (с)	['sudno]
barco (m) a vapor	пароплав (ч)	[paro'plaw]
barco (m) fluvial	теплохід (ч)	[tɛplo'hid]
transatlântico (m)	лайнер (ч)	['lajnɛr]
cruzeiro (m)	крейсер (ч)	['krɛjsɛr]
iate (m)	яхта (ж)	['ʲahta]
rebocador (m)	буксир (ч)	[buk'sir]
barcaça (f)	баржа (ж)	['barʒa]
ferry (m)	паром (ч)	[pa'rɔm]
veleiro (m)	вітрильник (ч)	[wi'trilʲnik]
bergantim (m)	бригантина (ж)	[briɦan'tina]
quebra-gelo (m)	криголам (ч)	[kriɦo'lam]
submarino (m)	підводний човен (ч)	[pid'wɔdnij 'ʧɔwɛn]
bote, barco (m)	човен (ч)	['ʧɔwɛn]
baleeira (bote salva-vidas)	шлюпка (ж)	['ʃlʲupka]
bote (m) salva-vidas	шлюпка (ж) рятувальна	['ʃlʲupka rʲatu'walʲna]
lancha (f)	катер (ч)	['katɛr]
capitão (m)	капітан (ч)	[kapi'tan]
marinheiro (m)	матрос (ч)	[mat'rɔs]
marujo (m)	моряк (ч)	[mo'rʲak]
tripulação (f)	екіпаж (ч)	[ɛki'paʒ]
contramestre (m)	боцман (ч)	['bɔʦman]
grumete (m)	юнга (ч)	['ʲunɦa]
cozinheiro (m) de bordo	кок (ч)	[kok]
médico (m) de bordo	судновий лікар (ч)	['sudnowij 'likar]
convés (m)	палуба (ж)	['paluba]
mastro (m)	щогла (ж)	['ɕɔɦla]
vela (f)	вітрило (с)	[wi'trilo]
porão (m)	трюм (ч)	[trʲum]
proa (f)	ніс (ч)	[nis]
popa (f)	корма (ж)	[kor'ma]
remo (m)	весло (с)	[wɛs'lɔ]
hélice (f)	гвинт (ч)	[ɦwint]
cabine (m)	каюта (ж)	[ka'ʲuta]
sala (f) dos oficiais	кают-компанія (ж)	[ka'ʲut kom'paniʲa]
sala (f) das máquinas	машинне відділення (с)	[ma'ʃinɛ wid'dilɛnʲa]
ponte (m) de comando	капітанський місток (ч)	[kapi'tansʲkij mis'tɔk]
sala (f) de comunicações	радіорубка (ж)	[radio'rubka]
onda (f)	хвиля (ж)	['hwilʲa]
diário (m) de bordo	судновий журнал (ч)	['sudnowij ʒur'nal]
luneta (f)	підзорна труба (ж)	[pi'dzɔrna tru'ba]
sino (m)	дзвін (ч)	[dzwin]

bandeira (f)	прапор (ч)	['prapor]
cabo (m)	канат (ч)	[ka'nat]
nó (m)	вузол (ч)	['wuzol]

| corrimão (m) | поручень (ч) | ['porutʃɛnʲ] |
| prancha (f) de embarque | трап (ч) | [trap] |

âncora (f)	якір (ч)	['ʲakir]
recolher a âncora	підняти якір	[pid'nʲatɨ 'jakir]
jogar a âncora	кинути якір	['kinutɨ 'jakir]
amarra (corrente de âncora)	якірний ланцюг (ч)	['ʲakirnij lan'tsʲuh]

porto (m)	порт (ч)	[port]
cais, amarradouro (m)	причал (ч)	[pri'tʃal]
atracar (vi)	причалювати	[pri'tʃalʲuwatɨ]
desatracar (vi)	відчалювати	[wid'tʃalʲuwatɨ]

viagem (f)	подорож (ж)	['podoroʒ]
cruzeiro (m)	круїз (ч)	[kru'jiz]
rumo (m)	курс (ч)	[kurs]
itinerário (m)	маршрут (ч)	[marʃ'rut]

canal (m) de navegação	фарватер (ч)	[far'watɛr]
banco (m) de areia	мілина (ж)	[mili'na]
encalhar (vt)	сісти на мілину	['sistɨ na mili'nu]

tempestade (f)	буря (ж)	['burʲa]
sinal (m)	сигнал (ч)	[siɦ'nal]
afundar-se (vr)	тонути	[to'nutɨ]
Homem ao mar!	Людина за бортом!	[lʲu'dina za 'bortom!]
SOS	SOS	[sos]
boia (f) salva-vidas	рятувальний круг (ч)	[rʲatu'walʲnij 'kruɦ]

CIDADE

Português	Українська	Pronúncia
ônibus (m)	автобус (ч)	[aw'tɔbus]
bonde (m) elétrico	трамвай (ч)	[tram'waj]
trólebus (m)	тролейбус (ч)	[tro'lɛjbus]
rota (f), itinerário (m)	маршрут (ч)	[marʃ'rut]
número (m)	номер (ч)	['nɔmɛr]
ir de ... (carro, etc.)	їхати на...	['jihatɨ na]
entrar no ...	сісти	['sistɨ]
descer do ...	вийти	['wɨjtɨ]
parada (f)	зупинка (ж)	[zu'pɨnka]
próxima parada (f)	наступна зупинка (ж)	[na'stupna zu'pɨnka]
terminal (m)	кінцева зупинка (ж)	[kin'tsɛwa zu'pɨnka]
horário (m)	розклад (ч)	['rɔzklad]
esperar (vt)	чекати	[tʃɛ'katɨ]
passagem (f)	квиток (ч)	[kwɨ'tɔk]
tarifa (f)	вартість (ж) квитка	['wartistʲ kwɨt'ka]
bilheteiro (m)	касир (ч)	[ka'sɨr]
controle (m) de passagens	контроль (ч)	[kon'trɔlʲ]
revisor (m)	контролер (ч)	[kontro'lɛr]
atrasar-se (vr)	запізнюватися	[za'piznʲuwatisʲa]
perder (o autocarro, etc.)	спізнитися	[spiz'nitisʲa]
estar com pressa	поспішати	[pospi'ʃatɨ]
táxi (m)	таксі (с)	[tak'si]
taxista (m)	таксист (ч)	[tak'sist]
de táxi (ir ~)	на таксі	[na tak'si]
ponto (m) de táxis	стоянка таксі	[sto'ʲanka tak'si]
chamar um táxi	викликати таксі	['wɨklikatɨ tak'si]
pegar um táxi	взяти таксі	['wzʲatɨ tak'si]
tráfego (m)	вуличний рух (ч)	['wulɨtʃnɨj ruh]
engarrafamento (m)	затор (ч)	[za'tɔr]
horas (f pl) de pico	години (мн) пік	[ho'dɨnɨ pik]
estacionar (vi)	паркуватися	[parku'watisʲa]
estacionar (vt)	паркувати	[parku'watɨ]
parque (m) de estacionamento	стоянка (ж)	[sto'ʲanka]
metrô (m)	метро (с)	[mɛt'rɔ]
estação (f)	станція (ж)	['stantsiʲa]
ir de metrô	їхати в метро	['jihatɨ w mɛt'rɔ]
trem (m)	поїзд (ч)	['pɔjizd]
estação (f) de trem	вокзал (ч)	[wok'zal]

28. Cidade. Vida na cidade

cidade (f)	місто (с)	['misto]
capital (f)	столиця (ж)	[sto'liʦʲa]
aldeia (f)	село (с)	[sɛ'lɔ]

mapa (m) da cidade	план (ч) міста	[plan 'mista]
centro (m) da cidade	центр (ч) міста	[ʦɛntr 'mista]
subúrbio (m)	передмістя (с)	[pɛrɛd'mistʲa]
suburbano (adj)	приміський	[primisʲ'kij]

periferia (f)	околиця (ж)	[o'kɔliʦʲa]
arredores (m pl)	околиці (мн)	[o'kɔliʦi]
quarteirão (m)	квартал (ч)	[kwar'tal]
quarteirão (m) residencial	житловий квартал (ч)	[ʒitlo'wij kwar'tal]

tráfego (m)	вуличний рух (ч)	['wuliʧnij ruh]
semáforo (m)	світлофор (ч)	[switlo'fɔr]
transporte (m) público	міський транспорт (ч)	[misʲ'kij 'transport]
cruzamento (m)	перехрестя (с)	[pɛrɛh'rɛstʲa]

faixa (f)	пішохідний перехід (ч)	[piʃo'hidnij pɛrɛ'hid]
túnel (m) subterrâneo	підземний перехід (ч)	[pi'dzɛmnij pɛrɛ'hid]
cruzar, atravessar (vt)	переходити	[pɛrɛ'hɔditi]
pedestre (m)	пішохід (ч)	[piʃo'hid]
calçada (f)	тротуар (ч)	[trotu'ar]

ponte (f)	міст (ч)	[mist]
margem (f) do rio	набережна (ж)	['nabɛrɛʒna]
fonte (f)	фонтан (ч)	[fon'tan]

alameda (f)	алея (ж)	[a'lɛʲa]
parque (m)	парк (ч)	[park]
bulevar (m)	бульвар (ч)	[bulʲ'war]
praça (f)	площа (ж)	['plɔɕa]
avenida (f)	проспект (ч)	[pros'pɛkt]
rua (f)	вулиця (ж)	['wuliʦʲa]
travessa (f)	провулок (ч)	[pro'wulok]
beco (m) sem saída	глухий кут (ч)	[ɦlu'hij kut]

casa (f)	будинок (ч)	[bu'dinok]
edifício, prédio (m)	споруда (ж)	[spo'ruda]
arranha-céu (m)	хмарочос (ч)	[hmaro'ʧɔs]

fachada (f)	фасад (ч)	[fa'sad]
telhado (m)	дах (ч)	[dah]
janela (f)	вікно (с)	[wik'nɔ]
arco (m)	арка (ж)	['arka]
coluna (f)	колона (ж)	[ko'lɔna]
esquina (f)	ріг (ч)	[riɦ]

vitrine (f)	вітрина (ж)	[wi'trina]
letreiro (m)	вивіска (ж)	['wiwiska]
cartaz (do filme, etc.)	афіша (ж)	[a'fiʃa]
cartaz (m) publicitário	рекламний плакат (ч)	[rɛk'lamnij pla'kat]

painel (m) publicitário	рекламний щит (ч)	[rɛk'lamnij çit]
lixo (m)	сміття (с)	[smit't'a]
lata (f) de lixo	урна (ж)	['urna]
jogar lixo na rua	смітити	[smi'titi]
aterro (m) sanitário	смітник (ч)	[smit'nik]

orelhão (m)	телефонна будка (ж)	[tɛlɛ'fɔna 'budka]
poste (m) de luz	ліхтарний стовп (ч)	[lih'tarnij stowp]
banco (m)	лавка (ж)	['lawka]

polícia (m)	поліцейський (ч)	[poli'tsɛjsʲkij]
polícia (instituição)	поліція (ж)	[po'litsiʲa]
mendigo, pedinte (m)	жебрак (ч)	[ʒɛb'rak]
desabrigado (m)	безпритульний (ч)	[bɛzpri'tulʲnij]

29. Instituições urbanas

loja (f)	магазин (ч)	[maɦa'zin]
drogaria (f)	аптека (ж)	[ap'tɛka]
ótica (f)	оптика (ж)	['ɔptika]
centro (m) comercial	торгівельний центр (ч)	[torɦi'wɛlʲnij 'tsɛntr]
supermercado (m)	супермаркет (ч)	[supɛr'markɛt]

padaria (f)	пекарня (ж)	[pɛ'karnʲa]
padeiro (m)	пекар (ч)	['pɛkar]
pastelaria (f)	кондитерська (ж)	[kon'ditɛrsʲka]
mercearia (f)	бакалія (ж)	[baka'liʲa]
açougue (m)	м'ясний магазин (ч)	[mʲʲas'nij maɦa'zin]

| fruteira (f) | овочевий магазин (ч) | [owo'ʧɛwij maɦa'zin] |
| mercado (m) | ринок (ч) | ['rinok] |

cafeteria (f)	кав'ярня (ж)	[ka'wʲʲarnʲa]
restaurante (m)	ресторан (ч)	[rɛsto'ran]
bar (m)	пивна (ж)	[piw'na]
pizzaria (f)	піцерія (ж)	[pitsɛ'riʲa]

salão (m) de cabeleireiro	перукарня (ж)	[pɛru'karnʲa]
agência (f) dos correios	пошта (ж)	['pɔʃta]
lavanderia (f)	хімчистка (ж)	[him'ʧistka]
estúdio (m) fotográfico	фотоательє (с)	[fotoatɛ'ljɛ]

sapataria (f)	взуттєвий магазин (ч)	[wzut'tɛwij maɦa'zin]
livraria (f)	книгарня (ж)	[kni'ɦarnʲa]
loja (f) de artigos esportivos	спортивний магазин (ч)	[spor'tiwnij maɦa'zin]

costureira (m)	ремонт (ч) одягу	[rɛ'mɔnt 'ɔdʲaɦu]
aluguel (m) de roupa	прокат (ч) одягу	[pro'kat 'ɔdʲaɦu]
videolocadora (f)	прокат (ч) фільмів	[pro'kat 'filʲmiw]

circo (m)	цирк (ч)	[tsirk]
jardim (m) zoológico	зоопарк (ч)	[zoo'park]
cinema (m)	кінотеатр (ч)	[kinotɛ'atr]
museu (m)	музей (ч)	[mu'zɛj]

biblioteca (f)	бібліотека (ж)	[biblio'tɛka]
teatro (m)	театр (ч)	[tɛ'atr]
ópera (f)	опера (ж)	['ɔpɛra]
boate (casa noturna)	нічний клуб (ч)	[nitʃ'nij klub]
cassino (m)	казино (с)	[kazi'nɔ]

mesquita (f)	мечеть (ж)	[mɛ'tʃɛtʲ]
sinagoga (f)	синагога (ж)	[sina'hoɦa]
catedral (f)	собор (ч)	[so'bɔr]
templo (m)	храм (ч)	[hram]
igreja (f)	церква (ж)	['tsɛrkwa]

faculdade (f)	інститут (ч)	[insti'tut]
universidade (f)	університет (ч)	[uniwɛrsi'tɛt]
escola (f)	школа (ж)	['ʃkɔla]

prefeitura (f)	префектура (ж)	[prɛfɛk'tura]
câmara (f) municipal	мерія (ж)	['mɛriʲa]
hotel (m)	готель (ч)	[ɦo'tɛlʲ]
banco (m)	банк (ч)	[bank]

embaixada (f)	посольство (с)	[po'sɔlʲstwo]
agência (f) de viagens	турагентство (с)	[tura'ɦɛntstwo]
agência (f) de informações	довідкове бюро (с)	[dowid'kɔwɛ bʲu'rɔ]
casa (f) de câmbio	обмінний пункт (ч)	[ob'minij punkt]

| metrô (m) | метро (с) | [mɛt'rɔ] |
| hospital (m) | лікарня (ж) | [li'karnʲa] |

| posto (m) de gasolina | автозаправка (ж) | [awtoza'prawka] |
| parque (m) de estacionamento | автостоянка (ж) | [awtosto'ʲanka] |

30. Sinais

letreiro (m)	вивіска (ж)	['wiwiska]
aviso (m)	напис (ч)	['napis]
cartaz, pôster (m)	плакат (ч)	[pla'kat]
placa (f) de direção	вказівник (ч)	[wkaziw'nik]
seta (f)	стрілка (ж)	['strilka]

aviso (advertência)	застереження (с)	[zastɛ'rɛʒɛnʲa]
sinal (m) de aviso	попередження (с)	[popɛ'rɛdʒɛnʲa]
avisar, advertir (vt)	попереджувати	[popɛ'rɛdʒuwati]

dia (m) de folga	вихідний день (ч)	[wihid'nij dɛnʲ]
horário (~ dos trens, etc.)	розклад (ч)	['rɔzklad]
horário (m)	години (мн) роботи	[ɦo'dini ro'bɔti]

BEM-VINDOS!	ЛАСКАВО ПРОСИМО!	[las'kawo 'prɔsimo]
ENTRADA	ВХІД	[whid]
SAÍDA	ВИХІД	['wihid]

| EMPURRE | ВІД СЕБЕ | [wid 'sɛbɛ] |
| PUXE | ДО СЕБЕ | [do 'sɛbɛ] |

| ABERTO | ВІДЧИНЕНО | [wid'tʃinɛno] |
| FECHADO | ЗАЧИНЕНО | [za'tʃinɛno] |

| MULHER | ДЛЯ ЖІНОК | [dlʲa ʒi'nɔk] |
| HOMEM | ДЛЯ ЧОЛОВІКІВ | [dlʲa tʃolowi'kiw] |

DESCONTOS	ЗНИЖКИ	['zniʒki]
SALDOS, PROMOÇÃO	РОЗПРОДАЖ	[rozp'rɔdaʒ]
NOVIDADE!	НОВИНКА!	[no'winka]
GRÁTIS	БЕЗКОШТОВНО	[bɛzkoʃ'towno]

ATENÇÃO!	УВАГА!	[u'waɦa]
NÃO HÁ VAGAS	МІСЦЬ НЕМАЄ	[mists nɛ'maɛ]
RESERVADO	ЗАРЕЗЕРВОВАНО	[zarɛzɛr'wowano]

ADMINISTRAÇÃO	АДМІНІСТРАЦІЯ	[admini'stratsiʲa]
SOMENTE PESSOAL	ТІЛЬКИ ДЛЯ ПЕРСОНАЛУ	['tilʲki dlʲa pɛrso'nalu]
AUTORIZADO		

CUIDADO CÃO FEROZ	ОБЕРЕЖНО! ЗЛИЙ ПЕС	[obɛ'rɛʒno! zlij pɛs]
PROIBIDO FUMAR!	ПАЛИТИ ЗАБОРОНЕНО	[pa'liti zabo'rɔnɛno]
NÃO TOCAR	НЕ ТОРКАТИСЯ!	[nɛ tor'katisʲa]

PERIGOSO	НЕБЕЗПЕЧНО	[nɛbɛz'pɛtʃno]
PERIGO	НЕБЕЗПЕКА	[nɛbɛz'pɛka]
ALTA TENSÃO	ВИСОКА НАПРУГА	[wi'sɔka na'pruɦa]
PROIBIDO NADAR	КУПАТИСЯ ЗАБОРОНЕНО	[ku'patisʲa zabo'rɔnɛno]
COM DEFEITO	НЕ ПРАЦЮЄ	[nɛ pra'tsʲuɛ]

INFLAMÁVEL	ВОГНЕНЕБЕЗПЕЧНО	[woɦnɛnɛbɛz'pɛtʃno]
PROIBIDO	ЗАБОРОНЕНО	[zabo'rɔnɛno]
ENTRADA PROIBIDA	ПРОХІД ЗАБОРОНЕНО	[pro'hid zabo'rɔnɛno]
CUIDADO TINTA FRESCA	ПОФАРБОВАНО	[pofar'bowano]

31. Compras

comprar (vt)	купляти	[kup'lʲati]
compra (f)	покупка (ж)	[po'kupka]
fazer compras	робити покупки	[ro'biti po'kupki]
compras (f pl)	шопінг (ч)	['ʃopinɦ]

| estar aberta (loja) | працювати | [pratsʲu'wati] |
| estar fechada | зачинитися | [zatʃi'nitisʲa] |

calçado (m)	взуття (с)	[wzut'tʲa]
roupa (f)	одяг (ч)	['ɔdʲaɦ]
cosméticos (m pl)	косметика (ж)	[kos'mɛtika]
alimentos (m pl)	продукти (мн)	[pro'dukti]
presente (m)	подарунок (ч)	[poda'runok]

vendedor (m)	продавець (ч)	[proda'wɛts]
vendedora (f)	продавщиця (ж)	[prodaw'ɕitsʲa]
caixa (f)	каса (ж)	['kasa]
espelho (m)	дзеркало (с)	['dzɛrkalo]

| balcão (m) | прилавок (ч) | [pri'lawok] |
| provador (m) | примірочна (ж) | [pri'mirotʃna] |

provar (vt)	приміряти	[pri'mirʲati]
servir (roupa, caber)	пасувати	[pasu'wati]
gostar (apreciar)	подобатися	[po'dobatisʲa]

preço (m)	ціна (ж)	[tsi'na]
etiqueta (f) de preço	цінник (ч)	['tsinik]
custar (vt)	коштувати	['koʃtuwati]
Quanto?	Скільки?	['skilʲki]
desconto (m)	знижка (ж)	['zniʒka]

não caro (adj)	недорогий	[nɛdoro'ɦij]
barato (adj)	дешевий	[dɛ'ʃɛwij]
caro (adj)	дорогий	[doro'ɦij]
É caro	Це дорого.	[tsɛ 'dɔroɦo]

aluguel (m)	прокат (ч)	[pro'kat]
alugar (roupas, etc.)	взяти напрокат	['wzʲati napro'kat]
crédito (m)	кредит (ч)	[krɛ'dit]
a crédito	в кредит	[w krɛ'dit]

VESTUÁRIO & ACESSÓRIOS

32. Roupa exterior. Casacos

roupa (f)	одяг (ч)	['ɔdʲaɦ]
roupa (f) exterior	верхній одяг (ч)	['wɛrhnij 'ɔdʲaɦ]
roupa (f) de inverno	зимовий одяг (ч)	[zi'mɔwij 'ɔdʲaɦ]
sobretudo (m)	пальто (с)	[palʲ'tɔ]
casaco (m) de pele	шуба (ж)	['ʃuba]
jaqueta (f) de pele	кожушок (ч)	[koʒu'ʃɔk]
casaco (m) acolchoado	пуховик (ч)	[puho'wɨk]
casaco (m), jaqueta (f)	куртка (ж)	['kurtka]
impermeável (m)	плащ (ч)	[plaɕ]
a prova d'água	непромокальний	[nɛpromo'kalʲnij]

33. Vestuário de homem & mulher

camisa (f)	сорочка (ж)	[so'rɔtʃka]
calça (f)	штани (мн)	[ʃta'nɨ]
jeans (m)	джинси (мн)	['dʒinsɨ]
paletó, terno (m)	піджак (ч)	[pi'dʒak]
terno (m)	костюм (ч)	[kos'tʲum]
vestido (ex. ~ de noiva)	сукня (ж)	['suknʲa]
saia (f)	спідниця (ж)	[spid'nɨtsʲa]
blusa (f)	блузка (ж)	['bluzka]
casaco (m) de malha	кофта (ж)	['kɔfta]
casaco, blazer (m)	жакет (ч)	[ʒa'kɛt]
camiseta (f)	футболка (ж)	[fut'bɔlka]
short (m)	шорти (мн)	['ʃɔrti]
training (m)	спортивний костюм (ч)	[spor'tiwnɨj kos'tʲum]
roupão (m) de banho	халат (ч)	[ha'lat]
pijama (m)	піжама (ж)	[pi'ʒama]
suéter (m)	светр (ч)	[swɛtr]
pulôver (m)	пуловер (ч)	[pulo'wɛr]
colete (m)	жилет (ч)	[ʒɨ'lɛt]
fraque (m)	фрак (ч)	[frak]
smoking (m)	смокінг (ч)	['smɔkinɦ]
uniforme (m)	форма (ж)	['fɔrma]
roupa (f) de trabalho	робочий одяг (ч)	[ro'bɔtʃij 'ɔdʲaɦ]
macacão (m)	комбінезон (ч)	[kombinɛ'zɔn]
jaleco (m), bata (f)	халат (ч)	[ha'lat]

34. Vestuário. Roupa interior

roupa (f) íntima	білизна (ж)	[bi'lizna]
cueca boxer (f)	труси (мн)	[tru'si]
calcinha (f)	жіноча білизна	[ʒi'nɔʧa biliz'na]
camiseta (f)	майка (ж)	['majka]
meias (f pl)	шкарпетки (мн)	[ʃkar'pɛtki]
camisola (f)	нічна сорочка (ж)	[niʧ'na so'rɔʧka]
sutiã (m)	бюстгальтер (ч)	[bʲust'halʲtɛr]
meias longas (f pl)	гольфи (мн)	['hɔlʲfi]
meias-calças (f pl)	колготки (мн)	[kol'hɔtki]
meias (~ de nylon)	панчохи (мн)	[pan'ʧɔhi]
maiô (m)	купальник (ч)	[ku'palʲnik]

35. Adereços de cabeça

chapéu (m), touca (f)	шапка (ж)	['ʃapka]
chapéu (m) de feltro	капелюх (ч)	[kapɛ'lʲuh]
boné (m) de beisebol	бейсболка (ж)	[bɛjs'bɔlka]
boina (~ italiana)	кашкет (ч)	[kaʃ'kɛt]
boina (ex. ~ basca)	берет (ч)	[bɛ'rɛt]
capuz (m)	каптур (ч)	[kap'tur]
chapéu panamá (m)	панамка (ж)	[pa'namka]
touca (f)	в'язана шапочка (ж)	['wʲazana 'ʃapoʧka]
lenço (m)	хустка (ж)	['hustka]
chapéu (m) feminino	капелюшок (ч)	[kapɛ'lʲuʃok]
capacete (m) de proteção	каска (ж)	['kaska]
bibico (m)	пілотка (ж)	[pi'lɔtka]
capacete (m)	шолом (ч)	[ʃo'lɔm]
chapéu-coco (m)	котелок (ч)	[kotɛ'lɔk]
cartola (f)	циліндр (ч)	[tsi'lindr]

36. Calçado

calçado (m)	взуття (с)	[wzut'tʲa]
botinas (f pl), sapatos (m pl)	черевики (мн)	[ʧɛrɛ'wiki]
sapatos (de salto alto, etc.)	туфлі (мн)	['tufli]
botas (f pl)	чоботи (мн)	['ʧɔboti]
pantufas (f pl)	капці (мн)	['kapʦi]
tênis (~ Nike, etc.)	кросівки (мн)	[kro'siwki]
tênis (~ Converse)	кеди (мн)	['kɛdi]
sandálias (f pl)	сандалі (мн)	[san'dali]
sapateiro (m)	чоботар (ч)	[ʧobo'tar]
salto (m)	каблук (ч)	[kab'luk]

par (m)	пара (ж)	['para]
cadarço (m)	шнурок (ч)	[ʃnu'rɔk]
amarrar os cadarços	шнурувати	[ʃnuru'wati]
calçadeira (f)	ріжок (ч) для взуття	[ri'ʒɔk dlʲa wzu'tʲa]
graxa (f) para calçado	крем (ч) для взуття	[krɛm dlʲa wzut'tʲa]

37. Acessórios pessoais

luva (f)	рукавички (мн)	[ruka'wiʧki]
mitenes (f pl)	рукавиці (мн)	[ruka'witsi]
cachecol (m)	шарф (ч)	[ʃarf]

óculos (m pl)	окуляри (мн)	[oku'lʲari]
armação (f)	оправа (ж)	[op'rawa]
guarda-chuva (m)	парасолька (ж)	[para'sɔlʲka]
bengala (f)	ціпок (ч)	[tsi'pɔk]
escova (f) para o cabelo	щітка (ж) для волосся	['ɕitka dlʲa wo'lɔssʲa]
leque (m)	віяло (c)	['wiʲalo]

gravata (f)	краватка (ж)	[kra'watka]
gravata-borboleta (f)	краватка-метелик (ж)	[kra'watka mɛ'tɛlik]
suspensórios (m pl)	підтяжки (мн)	[pid'tʲaʒki]
lenço (m)	носовичок (ч)	[nosowi'ʧɔk]

pente (m)	гребінець (ч)	[hrɛbi'nɛts]
fivela (f) para cabelo	заколка (ж)	[za'kɔlka]
grampo (m)	шпилька (ж)	['ʃpilʲka]
fivela (f)	пряжка (ж)	['prʲaʒka]

cinto (m)	ремінь (ч)	['rɛminʲ]
alça (f) de ombro	ремінь (ч)	['rɛminʲ]

bolsa (f)	сумка (ж)	['sumka]
bolsa (feminina)	сумочка (ж)	['sumoʧka]
mochila (f)	рюкзак (ч)	[rʲuk'zak]

38. Vestuário. Diversos

moda (f)	мода (ж)	['mɔda]
na moda (adj)	модний	['mɔdnij]
estilista (m)	модельєр (ч)	[modɛ'lʲɛr]

colarinho (m)	комір (ч)	['kɔmir]
bolso (m)	кишеня (ж)	[ki'ʃɛnʲa]
de bolso	кишеньковий	[kiʃɛnʲ'kɔwij]
manga (f)	рукав (ч)	[ru'kaw]
ganchinho (m)	петля (ж)	[pɛt'lʲa]
bragueta (f)	ширинка (ж)	[ʃi'rinka]

zíper (m)	блискавка (ж)	['bliskawka]
colchete (m)	застібка (ж)	['zastibka]
botão (m)	ґудзик (ч)	['gudzik]

botoeira (casa de botão)	петля (ж)	[pɛt'lʲa]
soltar-se (vr)	відірватися	[widir'watisʲa]

costurar (vi)	шити	['ʃiti]
bordar (vt)	вишивати	[wiʃi'wati]
bordado (m)	вишивка (ж)	['wiʃiwka]
agulha (f)	голка (ж)	['ɦolka]
fio, linha (f)	нитка (ж)	['nitka]
costura (f)	шов (ч)	[ʃow]

sujar-se (vr)	забруднитися	[zabrud'nitisʲa]
mancha (f)	пляма (ж)	['plʲama]
amarrotar-se (vr)	зім'ятися	[ziˈm'ʲatisʲa]
rasgar (vt)	порвати	[por'wati]
traça (f)	міль (ж)	[milʲ]

39. Cuidados pessoais. Cosméticos

pasta (f) de dente	зубна паста (ж)	[zub'na 'pasta]
escova (f) de dente	зубна щітка (ж)	[zub'na 'ɕitka]
escovar os dentes	чистити зуби	['tʃistiti 'zubi]

gilete (f)	бритва (ж)	['britwa]
creme (m) de barbear	крем (ч) для гоління	[krɛm dlʲa ɦo'linʲa]
barbear-se (vr)	голитися	[ɦo'litisʲa]

sabonete (m)	мило (с)	['miɫo]
xampu (m)	шампунь (ч)	[ʃam'punʲ]

tesoura (f)	ножиці (мн)	['noʒitsi]
lixa (f) de unhas	пилочка (ж) для нігтів	['piɫotʃka dlʲa 'niɦtiw]
corta-unhas (m)	щипчики (мн)	['ɕiptʃiki]
pinça (f)	пінцет (ч)	[pin'tsɛt]

cosméticos (m pl)	косметика (ж)	[kos'mɛtika]
máscara (f)	маска (ж)	['maska]
manicure (f)	манікюр (ч)	[mani'kʲur]
fazer as unhas	робити манікюр	[ro'biti mani'kʲur]
pedicure (f)	педикюр (ч)	[pɛdi'kʲur]

bolsa (f) de maquiagem	косметичка (ж)	[kosmɛ'titʃka]
pó (de arroz)	пудра (ж)	['pudra]
pó (m) compacto	пудрениця (ж)	['pudrɛnitsʲa]
blush (m)	рум'яна (мн)	[ru'm'ʲana]

perfume (m)	парфуми (мн)	[par'fumi]
água-de-colônia (f)	туалетна вода (ж)	[tua'lɛtna wo'da]
loção (f)	лосьйон (ч)	[lo'sjɔn]
colônia (f)	одеколон (ч)	[odɛko'lɔn]

sombra (f) de olhos	тіні (мн) для повік	['tini dlʲa po'wik]
delineador (m)	олівець (ч) для очей	[oli'wɛts dlʲa o'tʃɛj]
máscara (f), rímel (m)	туш (ж)	[tuʃ]
batom (m)	губна помада (ж)	[ɦub'na po'mada]

esmalte (m)	лак (ч) для нігтів	[lak dlʲa 'niɦtiw]
laquê (m), spray fixador (m)	лак (ч) для волосся	[lak dlʲa wo'lɔssʲa]
desodorante (m)	дезодорант (ч)	[dɛzodo'rant]

creme (m)	крем (ч)	[krɛm]
creme (m) de rosto	крем (ч) для обличчя	[krɛm dlʲa ob'liʧʲa]
creme (m) de mãos	крем (ч) для рук	[krɛm dlʲa ruk]
creme (m) antirrugas	крем (ч) проти зморшок	[krɛm 'prɔtɨ 'zmɔrʃok]
creme (m) de dia	денний крем (ч)	['dɛnnɨj krɛm]
creme (m) de noite	нічний крем (ч)	[niʧ'nɨj krɛm]
de dia	денний	['dɛnɨj]
da noite	нічний	[niʧ'nɨj]

absorvente (m) interno	тампон (ч)	[tam'pɔn]
papel (m) higiênico	туалетний папір (ч)	[tua'lɛtnɨj pa'pir]
secador (m) de cabelo	фен (ч)	[fɛn]

40. Relógios de pulso. Relógios

relógio (m) de pulso	годинник (ч)	[ɦo'dɨnɨk]
mostrador (m)	циферблат (ч)	[tsɨfɛrb'lat]
ponteiro (m)	стрілка (ж)	['strilka]
bracelete (em aço)	браслет (ч)	[bras'lɛt]
bracelete (em couro)	ремінець (ч)	[rɛmi'nɛʦ]

pilha (f)	батарейка (ж)	[bata'rɛjka]
acabar (vi)	сісти	['sistɨ]
trocar a pilha	поміняти батарейку	[pomi'nʲatɨ bata'rɛjku]
estar adiantado	поспішати	[pospi'ʃatɨ]
estar atrasado	відставати	[widsta'watɨ]

relógio (m) de parede	годинник (ч) настінний	[ɦo'dɨnɨk nas'tinɨj]
ampulheta (f)	годинник (ч) пісочний	[ɦo'dɨnɨk pi'sɔtʃnɨj]
relógio (m) de sol	годинник (ч) сонячний	[ɦo'dɨnɨk 'sɔnʲatʃnɨj]
despertador (m)	будильник (ч)	[bu'dɨlʲnɨk]
relojoeiro (m)	годинникар (ч)	[ɦodɨnɨ'kar]
reparar (vt)	ремонтувати	[rɛmontu'watɨ]

EXPERIÊNCIA DO QUOTIDIANO

41. Dinheiro

dinheiro (m)	гроші (мн)	['ɦrɔʃi]
câmbio (m)	обмін (ч)	['ɔbmin]
taxa (f) de câmbio	курс (ч)	[kurs]
caixa (m) eletrônico	банкомат (ч)	[banko'mat]
moeda (f)	монета (ж)	[mo'nɛta]
dólar (m)	долар (ч)	['dɔlar]
euro (m)	євро (с)	['ɛwro]
lira (f)	італійська ліра (ж)	[ita'lijsʲka 'lira]
marco (m)	марка (ж)	['marka]
franco (m)	франк (ч)	['frank]
libra (f) esterlina	фунт (ч)	['funt]
iene (m)	єна (ж)	['ɛna]
dívida (f)	борг (ч)	['bɔrɦ]
devedor (m)	боржник (ч)	[borʒ'nik]
emprestar (vt)	позичити	[po'ziʧiti]
pedir emprestado	взяти в борг	['wzʲatʲi w borɦ]
banco (m)	банк (ч)	[bank]
conta (f)	рахунок (ч)	[ra'hunok]
depositar (vt)	покласти	[pok'lasti]
depositar na conta	покласти на рахунок	[pok'lasti na ra'hunok]
sacar (vt)	зняти з рахунку	['znʲatʲi z ra'hunku]
cartão (m) de crédito	кредитна картка (ж)	[krɛ'ditna 'kartka]
dinheiro (m) vivo	готівка (ж)	[ɦo'tiwka]
cheque (m)	чек (ч)	[ʧɛk]
passar um cheque	виписати чек	['wipisati 'ʧɛk]
talão (m) de cheques	чекова книжка (ж)	['ʧɛkowa 'kniʒka]
carteira (f)	портмоне (с)	[portmo'nɛ]
niqueleira (f)	гаманець (ч)	[ɦama'nɛʧs]
cofre (m)	сейф (ч)	[sɛjf]
herdeiro (m)	спадкоємець (ч)	[spadko'ɛmɛʧs]
herança (f)	спадщина (ж)	['spadɕina]
fortuna (riqueza)	статок (ч)	['statok]
arrendamento (m)	оренда (ж)	[o'rɛnda]
aluguel (pagar o ~)	квартирна плата (ж)	[kwar'tirna 'plata]
alugar (vt)	зняти	['znʲati]
preço (m)	ціна (ж)	[ʦi'na]
custo (m)	вартість (ж)	['wartistʲ]

soma (f)	сума (ж)	['suma]
gastar (vt)	витрачати	[witra'ʧati]
gastos (m pl)	витрати (мн)	['witrati]
economizar (vi)	економити	[ɛko'nɔmiti]
econômico (adj)	економний	[ɛko'nɔmnij]

pagar (vt)	платити	[pla'titi]
pagamento (m)	оплата (ж)	[op'lata]
troco (m)	решта (ж)	['rɛʃta]

imposto (m)	податок (ч)	[po'datok]
multa (f)	штраф (ч)	[ʃtraf]
multar (vt)	штрафувати	[ʃtrafu'wati]

42. Correios. Serviço postal

agência (f) dos correios	пошта (ж)	['pɔʃta]
correio (m)	пошта (ж)	['pɔʃta]
carteiro (m)	листоноша (ч)	[listo'nɔʃa]
horário (m)	години (мн) роботи	[ɦo'dini ro'bɔti]

carta (f)	лист (ч)	[list]
carta (f) registada	рекомендований лист (ч)	[rɛkomɛn'dɔwanij list]
cartão (m) postal	листівка (ж)	[lis'tiwka]
telegrama (m)	телеграма (ж)	[tɛlɛ'ɦrama]
encomenda (f)	посилка (ж)	[po'silka]
transferência (f) de dinheiro	грошовий переказ (ч)	[ɦroʃo'wij pɛ'rɛkaz]

receber (vt)	отримати	[ot'rimati]
enviar (vt)	відправити	[wid'prawiti]
envio (m)	відправлення (с)	[wid'prawlɛnʲa]
endereço (m)	адреса (ж)	[ad'rɛsa]
código (m) postal	індекс (ч)	['indɛks]
remetente (m)	відправник (ч)	[wid'prawnik]
destinatário (m)	одержувач (ч)	[o'dɛrʒuwaʧ]

nome (m)	ім'я (с)	[i'mʲia]
sobrenome (m)	прізвище (с)	['prizwiɕɛ]
tarifa (f)	тариф (ч)	[ta'rif]
ordinário (adj)	звичайний	[zwi'ʧajnij]
econômico (adj)	економічний	[ɛkono'miʧnij]

peso (m)	вага (ж)	[wa'ɦa]
pesar (estabelecer o peso)	зважувати	['zwaʒuwati]
envelope (m)	конверт (ч)	[kon'wɛrt]
selo (m) postal	марка (ж)	['marka]
colar o selo	приклеювати марку	[prik'lɛʲuwati 'marku]

43. Banca

| banco (m) | банк (ч) | [bank] |
| balcão (f) | відділення (с) | [wid'dilɛnʲa] |

48

consultor (m) bancário	консультант (ч)	[konsul⁼'tant]
gerente (m)	керівник (ч)	[kɛriw'nik]

conta (f)	рахунок (ч)	[ra'hunok]
número (m) da conta	номер (ч) рахунка	['nɔmɛr ra'hunka]
conta (f) corrente	поточний рахунок (ч)	[po'tɔtʃnij ra'hunok]
conta (f) poupança	накопичувальний	[nako'pitʃuwal⁼nij
	рахунок (ч)	ra'hunok]

abrir uma conta	відкрити рахунок	[wid'kriti ra'hunok]
fechar uma conta	закрити рахунок	[za'kriti ra'hunok]
depositar na conta	покласти на рахунок	[pok'lasti na ra'hunok]
sacar (vt)	зняти з рахунку	['zn⁼ati z ra'hunku]

depósito (m)	внесок (ч)	['wnɛsok]
fazer um depósito	зробити внесок	[zro'biti 'wnɛsok]
transferência (f) bancária	переказ (ч)	[pɛ'rɛkaz]
transferir (vt)	зробити переказ	[zro'biti pɛ'rɛkaz]

soma (f)	сума (ж)	['suma]
Quanto?	Скільки?	['skil⁼ki]

assinatura (f)	підпис (ч)	['pidpis]
assinar (vt)	підписати	[pidpi'sati]

cartão (m) de crédito	кредитна картка (ж)	[krɛ'ditna 'kartka]
senha (f)	код (ч)	[kod]
número (m) do cartão	номер (ч) кредитної картки	['nɔmɛr krɛ'ditnoji 'kartki]
de crédito		
caixa (m) eletrônico	банкомат (ч)	[banko'mat]

cheque (m)	чек (ч)	[tʃɛk]
passar um cheque	виписати чек	['wipisati 'tʃɛk]
talão (m) de cheques	чекова книжка (ж)	['tʃɛkowa 'kniʒka]

empréstimo (m)	кредит (ч)	[krɛ'dit]
pedir um empréstimo	звертатися за кредитом	[zwɛr'tatis⁼a za krɛ'ditom]
obter empréstimo	брати кредит	['brati krɛ'dit]
dar um empréstimo	надавати кредит	[nada'wati krɛ'dit]
garantia (f)	застава (ж)	[za'stawa]

44. Telefone. Conversação telefônica

telefone (m)	телефон (ч)	[tɛlɛ'fon]
celular (m)	мобільний телефон (ч)	[mo'bil⁼nij tɛlɛ'fon]
secretária (f) eletrônica	автовідповідач (ч)	[awtowidpowi'datʃ]

fazer uma chamada	зателефонувати	[zatɛlɛfonu'wati]
chamada (f)	дзвінок (ч)	[dzwi'nɔk]

discar um número	набрати номер	[nab'rati 'nɔmɛr]
Alô!	Алло!	[a'lɔ]
perguntar (vt)	запитати	[zapi'tati]
responder (vt)	відповісти	[widpo'wisti]

ouvir (vt)	чути	['ʧuti]
bem	добре	['dɔbrɛ]
mal	погано	[po'ɦano]
ruído (m)	перешкоди (мн)	[pɛrɛʃ'kɔdi]

fone (m)	трубка (ж)	['trubka]
pegar o telefone	зняти трубку	['znʲati 'trubku]
desligar (vi)	покласти трубку	[pok'lasti t'rubku]

ocupado (adj)	зайнятий	['zajnʲatij]
tocar (vi)	дзвонити	[dzwo'niti]
lista (f) telefônica	телефонна книга (ж)	[tɛlɛ'fɔna 'kniɦa]

local (adj)	місцевий	[mis'ʦɛwij]
chamada (f) local	місцевий зв'язок (ч)	[mis'ʦɛwij 'zwʲazok]
de longa distância	міжміський	[miʒmis'ʲkij]
chamada (f) de longa distância	міжміський зв'язок (ч)	[miʒmis'ʲkij 'zwʲazok]
internacional (adj)	міжнародний	[miʒna'rɔdnij]
chamada (f) internacional	міжнародний зв'язок (ч)	[miʒna'rɔdnij 'zwʲazok]

45. Telefone móvel

celular (m)	мобільний телефон (ч)	[mo'bilʲnij tɛlɛ'fon]
tela (f)	дисплей (ч)	[dis'plɛj]
botão (m)	кнопка (ж)	['knɔpka]
cartão SIM (m)	SIM-карта (ж)	[sim 'karta]

bateria (f)	батарея (ж)	[bata'rɛʲa]
descarregar-se (vr)	розрядитися	[rozrʲa'ditisʲa]
carregador (m)	зарядний пристрій (ч)	[za'rʲadnij 'pristrij]

menu (m)	меню (c)	[mɛ'nʲu]
configurações (f pl)	настройки (мн)	[na'strɔjki]
melodia (f)	мелодія (ж)	[mɛ'lɔdiʲa]
escolher (vt)	вибрати	['wibrati]

calculadora (f)	калькулятор (ч)	[kalʲku'lʲator]
correio (m) de voz	автовідповідач (ч)	[awtowidpowi'daʧ]
despertador (m)	будильник (ч)	[bu'dilʲnik]
contatos (m pl)	телефонна книга (ж)	[tɛlɛ'fɔna 'kniɦa]

| mensagem (f) de texto | SMS-повідомлення (c) | [ɛsɛ'mɛs powi'dɔmlɛnʲa] |
| assinante (m) | абонент (ч) | [abo'nɛnt] |

46. Estacionário

| caneta (f) | авторучка (ж) | [awto'ruʧka] |
| caneta (f) tinteiro | ручка-перо (c) | ['ruʧka pɛ'rɔ] |

| lápis (m) | олівець (ч) | [oli'wɛʦ] |
| marcador (m) de texto | маркер (ч) | ['markɛr] |

caneta (f) hidrográfica	фломастер (ч)	[flo'mastɛr]
bloco (m) de notas	блокнот (ч)	[blok'nɔt]
agenda (f)	щоденник (ч)	[ɕo'dɛnik]

régua (f)	лінійка (ж)	[li'nijka]
calculadora (f)	калькулятор (ч)	[kalʲku'lʲator]
borracha (f)	гумка (ж)	['ɦumka]
alfinete (m)	кнопка (ж)	['knɔpka]
clipe (m)	скріпка (ж)	['skripka]

cola (f)	клей (ч)	[klɛj]
grampeador (m)	степлер (ч)	['stɛplɛr]
furador (m) de papel	діркопробивач (ч)	[dirkoprobi'watʃ]
apontador (m)	стругачка (ж)	[stru'ɦatʃka]

47. Línguas estrangeiras

língua (f)	мова (ж)	['mɔwa]
estrangeiro (adj)	іноземний	[ino'zɛmnij]
língua (f) estrangeira	іноземна мова (ж)	[ino'zɛmna 'mɔwa]
estudar (vt)	вивчати	[wiw'tʃati]
aprender (vt)	вчити	['wtʃiti]

ler (vt)	читати	[tʃi'tati]
falar (vi)	говорити	[ɦowo'riti]
entender (vt)	розуміти	[rozu'miti]
escrever (vt)	писати	[pi'sati]

rapidamente	швидко	['ʃwidko]
devagar, lentamente	повільно	[po'wilʲno]
fluentemente	вільно	['wilʲno]

regras (f pl)	правила (мн)	['prawiła]
gramática (f)	граматика (ж)	[ɦra'matika]
vocabulário (m)	лексика (ж)	['lɛksika]
fonética (f)	фонетика (ж)	[fo'nɛtika]

livro (m) didático	підручник (ч)	[pid'rutʃnik]
dicionário (m)	словник (ч)	[slow'nik]
manual (m) autodidático	самовчитель (ч)	[samow'tʃitɛlʲ]
guia (m) de conversação	розмовник (ч)	[roz'mɔwnik]

fita (f) cassete	касета (ж)	[ka'sɛta]
videoteipe (m)	відеокасета (ж)	['widɛo ka'sɛta]
CD (m)	CD-диск (ч)	[si'di disk]
DVD (m)	DVD (ч)	[diwi'di]

alfabeto (m)	алфавіт (ч)	[alfa'wit]
soletrar (vt)	говорити по буквах	[ɦowo'riti po 'bukwah]
pronúncia (f)	вимова (ж)	[wi'mɔwa]

sotaque (m)	акцент (ч)	[ak'tsɛnt]
com sotaque	з акцентом	[z ak'tsɛntom]
sem sotaque	без акценту	[bɛz ak'tsɛntu]

| palavra (f) | слово (c) | ['slɔwo] |
| sentido (m) | сенс (ч) | [sɛns] |

curso (m)	курси (мн)	['kursɨ]
inscrever-se (vr)	записатися	[zapɨ'satɨsʲa]
professor (m)	викладач (ч)	[wɨkla'datʃ]

tradução (processo)	переклад (ч)	[pɛ'rɛklad]
tradução (texto)	переклад (ч)	[pɛ'rɛklad]
tradutor (m)	перекладач (ч)	[pɛrɛkla'datʃ]
intérprete (m)	перекладач (ч)	[pɛrɛkla'datʃ]

| poliglota (m) | поліглот (ч) | [poliɦ'lɔt] |
| memória (f) | пам'ять (ж) | ['pamʲatʲ] |

REFEIÇÕES. RESTAURANTE

48. Por a mesa

colher (f)	ложка (ж)	['lɔʒka]
faca (f)	ніж (ч)	[niʒ]
garfo (m)	виделка (ж)	[wi'dɛlka]
xícara (f)	чашка (ж)	['ʧaʃka]
prato (m)	тарілка (ж)	[ta'rilka]
pires (m)	блюдце (c)	['blʲudʦɛ]
guardanapo (m)	серветка (ж)	[sɛr'wɛtka]
palito (m)	зубочистка (ж)	[zubo'ʧistka]

49. Restaurante

restaurante (m)	ресторан (ч)	[rɛsto'ran]
cafeteria (f)	кав'ярня (ж)	[ka'wʲarnʲa]
bar (m), cervejaria (f)	бар (ч)	[bar]
salão (m) de chá	чайна (ж)	['ʧajna]
garçom (m)	офіціант (ч)	[ofiʦi'ant]
garçonete (f)	офіціантка (ж)	[ofiʦi'antka]
barman (m)	бармен (ч)	[bar'mɛn]
cardápio (m)	меню (c)	[mɛ'nʲu]
lista (f) de vinhos	карта (ж) вин	['karta win]
reservar uma mesa	забронювати столик	[zabronʲu'wati 'stɔlik]
prato (m)	страва (ж)	['strawa]
pedir (vt)	замовити	[za'mɔwiti]
fazer o pedido	зробити замовлення	[zro'biti za'mɔwlɛnʲa]
aperitivo (m)	аперитив (ч)	[apɛri'tiw]
entrada (f)	закуска (ж)	[za'kuska]
sobremesa (f)	десерт (ч)	[dɛ'sɛrt]
conta (f)	рахунок (ч)	[ra'hunok]
pagar a conta	оплатити рахунок	[opla'titi ra'hunok]
dar o troco	дати решту	['dati 'rɛʃtu]
gorjeta (f)	чайові (мн)	[ʧaʲo'wi]

50. Refeições

comida (f)	їжа (ж)	['jiʒa]
comer (vt)	їсти	['jisti]

café (m) da manhã	сніданок (ч)	[sni'danok]
tomar café da manhã	снідати	['snidati]
almoço (m)	обід (ч)	[o'bid]
almoçar (vi)	обідати	[o'bidati]
jantar (m)	вечеря (ж)	[wɛ'ʧɛrʲa]
jantar (vi)	вечеряти	[wɛ'ʧɛrʲati]

| apetite (m) | апетит (ч) | [apɛ'tit] |
| Bom apetite! | Смачного! | [smaʧ'nɔɦo] |

abrir (~ uma lata, etc.)	відкривати	[widkri'wati]
derramar (~ líquido)	пролити	[pro'liti]
derramar-se (vr)	пролитись	[pro'litisʲ]

ferver (vi)	кипіти	[ki'piti]
ferver (vt)	кип'ятити	[kipʲʲa'titi]
fervido (adj)	кип'ячений	[kipʲʲa'ʧɛnij]
esfriar (vt)	охолодити	[oholo'diti]
esfriar-se (vr)	охолоджуватись	[oho'lɔdʒuwatisʲ]

| sabor, gosto (m) | смак (ч) | [smak] |
| fim (m) de boca | присмак (ч) | ['prismak] |

emagrecer (vi)	худнути	['hudnuti]
dieta (f)	дієта (ж)	[di'ɛta]
vitamina (f)	вітамін (ч)	[wita'min]
caloria (f)	калорія (ж)	[ka'lɔrʲia]
vegetariano (m)	вегетаріанець (ч)	[wɛɦɛtari'anɛts]
vegetariano (adj)	вегетаріанський	[wɛɦɛtari'ansʲkij]

gorduras (f pl)	жири (мн)	[ʒi'ri]
proteínas (f pl)	білки (мн)	[bil'ki]
carboidratos (m pl)	вуглеводи (мн)	[wuɦlɛ'wɔdi]
fatia (~ de limão, etc.)	скибка (ж)	['skibka]
pedaço (~ de bolo)	шматок (ч)	[ʃma'tɔk]
migalha (f), farelo (m)	крихта (ж)	['krihta]

51. Pratos cozinhados

prato (m)	страва (ж)	['strawa]
cozinha (~ portuguesa)	кухня (ж)	['kuhnʲa]
receita (f)	рецепт (ч)	[rɛ'tsɛpt]
porção (f)	порція (ж)	['pɔrtsiʲa]

| salada (f) | салат (ч) | [sa'lat] |
| sopa (f) | юшка (ж) | ['ʲuʃka] |

caldo (m)	бульйон (ч)	[bu'lʲɔn]
sanduíche (m)	канапка (ж)	[ka'napka]
ovos (m pl) fritos	яєчня (ж)	[ja'ɛʃnʲa]

hambúrguer (m)	гамбургер (ч)	['ɦamburɦɛr]
bife (m)	біфштекс (ч)	[bif'ʃtɛks]
acompanhamento (m)	гарнір (ч)	[ɦar'nir]

espaguete (m)	спагеті (мн)	[spa'ɦɛti]
purê (m) de batata	картопляне пюре (с)	[kartop'lʲanɛ pʲu'rɛ]
pizza (f)	піца (ж)	['pitsa]
mingau (m)	каша (ж)	['kaʃa]
omelete (f)	омлет (ч)	[om'lɛt]

fervido (adj)	варений	[wa'rɛnij]
defumado (adj)	копчений	[kop'ʧɛnij]
frito (adj)	смажений	['smaʒɛnij]
seco (adj)	сушений	['suʃɛnij]
congelado (adj)	заморожений	[zamo'rɔʒɛnij]
em conserva (adj)	маринований	[mari'nɔwanij]

doce (adj)	солодкий	[so'lɔdkij]
salgado (adj)	солоний	[so'lɔnij]
frio (adj)	холодний	[ho'lɔdnij]
quente (adj)	гарячий	[ɦa'rʲaʧij]
amargo (adj)	гіркий	[ɦir'kij]
gostoso (adj)	смачний	[smaʧ'nij]

cozinhar em água fervente	варити	[wa'riti]
preparar (vt)	готувати	[ɦotu'wati]
fritar (vt)	смажити	['smaʒiti]
aquecer (vt)	розігрівати	[roziɦri'wati]

salgar (vt)	солити	[so'liti]
apimentar (vt)	перчити	[pɛr'ʧiti]
ralar (vt)	терти	['tɛrti]
casca (f)	шкірка (ж)	['ʃkirka]
descascar (vt)	чистити	['ʧistiti]

52. Comida

carne (f)	м'ясо (с)	['mʲaso]
galinha (f)	курка (ж)	['kurka]
frango (m)	курча (с)	[kur'ʧa]
pato (m)	качка (ж)	['kaʧka]
ganso (m)	гусак (ч)	[ɦu'sak]
caça (f)	дичина (ж)	[diʧi'na]
peru (m)	індичка (ж)	[in'diʧka]

carne (f) de porco	свинина (ж)	[swi'nina]
carne (f) de vitela	телятина (ж)	[tɛ'lʲatina]
carne (f) de carneiro	баранина (ж)	[ba'ranina]
carne (f) de vaca	яловичина (ж)	['ʲalowiʧina]
carne (f) de coelho	кріль (ч)	[krilʲ]

linguiça (f), salsichão (m)	ковбаса (ж)	[kowba'sa]
salsicha (f)	сосиска (ж)	[so'siska]
bacon (m)	бекон (ч)	[bɛ'kɔn]
presunto (m)	шинка (ж)	['ʃinka]
pernil (m) de porco	окіст (ч)	['ɔkist]
patê (m)	паштет (ч)	[paʃ'tɛt]
fígado (m)	печінка (ж)	[pɛ'ʧinka]

guisado (m)	фарш (ч)	[farʃ]
língua (f)	язик (ч)	[ja'zik]
ovo (m)	яйце (с)	[jaj'tsɛ]
ovos (m pl)	яйця (мн)	[ˈʲajtsʲa]
clara (f) de ovo	білок (ч)	[bi'lɔk]
gema (f) de ovo	жовток (ч)	[ʒow'tɔk]
peixe (m)	риба (ж)	['riba]
mariscos (m pl)	морепродукти (мн)	[morɛpro'dukti]
crustáceos (m pl)	ракоподібні (мн)	[rakopo'dibni]
caviar (m)	ікра (ж)	[ik'ra]
caranguejo (m)	краб (ч)	[krab]
camarão (m)	креветка (ж)	[krɛ'wɛtka]
ostra (f)	устриця (ж)	['ustritsʲa]
lagosta (f)	лангуст (ч)	[lan'ɦust]
polvo (m)	восьминіг (ч)	[wosʲmi'niɦ]
lula (f)	кальмар (ч)	[kalʲ'mar]
esturjão (m)	осетрина (ж)	[osɛt'rina]
salmão (m)	лосось (ч)	[lo'sɔsʲ]
halibute (m)	палтус (ч)	['paltus]
bacalhau (m)	тріска (ж)	[tris'ka]
cavala, sarda (f)	скумбрія (ж)	['skumbriʲa]
atum (m)	тунець (ч)	[tu'nɛts]
enguia (f)	вугор (ч)	[wu'ɦɔr]
truta (f)	форель (ж)	[fo'rɛlʲ]
sardinha (f)	сардина (ж)	[sar'dina]
lúcio (m)	щука (ж)	['ɕuka]
arenque (m)	оселедець (ч)	[osɛ'lɛdɛts]
pão (m)	хліб (ч)	[hlib]
queijo (m)	сир (ч)	[sir]
açúcar (m)	цукор (ч)	['tsukor]
sal (m)	сіль (ж)	[silʲ]
arroz (m)	рис (ч)	[ris]
massas (f pl)	макарони (мн)	[maka'rɔni]
talharim, miojo (m)	локшина (ж)	[lokʃi'na]
manteiga (f)	вершкове масло (с)	[wɛrʃ'kɔwɛ 'maslo]
óleo (m) vegetal	олія (ж) рослинна	[o'liʲa ros'lina]
óleo (m) de girassol	соняшникова олія (ж)	['sɔnʲaʃnikowa o'liʲa]
margarina (f)	маргарин (ч)	[marɦa'rin]
azeitonas (f pl)	оливки (мн)	[o'liwki]
azeite (m)	олія (ж) оливкова	[o'liʲa o'liwkowa]
leite (m)	молоко (с)	[molo'kɔ]
leite (m) condensado	згущене молоко (с)	['zɦuɕɛnɛ molo'kɔ]
iogurte (m)	йогурт (ч)	['jɔɦurt]
creme (m) azedo	сметана (ж)	[smɛ'tana]
creme (m) de leite	вершки (мн)	[wɛrʃ'ki]

maionese (f)	майонез (ч)	[maɪoˈnɛz]
creme (m)	крем (ч)	[krɛm]
grãos (m pl) de cereais	крупа (ж)	[kruˈpa]
farinha (f)	борошно (с)	[ˈbɔrɔʃno]
enlatados (m pl)	консерви (мн)	[konˈsɛrwɨ]
flocos (m pl) de milho	кукурудзяні пластівці (мн)	[kukuˈrudzʲani plastiwˈtsi]
mel (m)	мед (ч)	[mɛd]
geleia (m)	джем (ч)	[dʒɛm]
chiclete (m)	жувальна гумка (ж)	[ʒuˈwalʲna ˈɦumka]

53. Bebidas

água (f)	вода (ж)	[woˈda]
água (f) potável	питна вода (ж)	[pɨtˈna woˈda]
água (f) mineral	мінеральна вода (ж)	[minɛˈralʲna woˈda]
sem gás (adj)	без газу	[bɛz ˈɦazu]
gaseificada (adj)	газований	[ɦaˈzowanɨj]
com gás	з газом	[z ˈɦazom]
gelo (m)	лід (ч), крига (ж)	[lid], [ˈkriɦa]
com gelo	з льодом	[z lʲodom]
não alcoólico (adj)	безалкогольний	[bɛzalkoˈɦɔlʲnɨj]
refrigerante (m)	безалкогольний напій (ч)	[bɛzalkoˈɦɔlʲnɨj naˈpij]
refresco (m)	прохолодний напій (ч)	[prohoˈlɔdnɨj ˈnapij]
limonada (f)	лимонад (ч)	[lɨmoˈnad]
bebidas (f pl) alcoólicas	алкогольні напої (мн)	[alkoˈɦɔlʲni naˈpɔji]
vinho (m)	вино (с)	[wɨˈnɔ]
vinho (m) branco	біле вино (с)	[ˈbilɛ wɨˈnɔ]
vinho (m) tinto	червоне вино (с)	[tʃɛrˈwɔnɛ wɨˈnɔ]
licor (m)	лікер (ч)	[liˈkɛr]
champanhe (m)	шампанське (с)	[ʃamˈpansʲkɛ]
vermute (m)	вермут (ч)	[ˈwɛrmut]
uísque (m)	віскі (с)	[ˈwiski]
vodca (f)	горілка (ж)	[ɦoˈrilka]
gim (m)	джин (ч)	[dʒɨn]
conhaque (m)	коньяк (ч)	[koˈnʲak]
rum (m)	ром (ч)	[rom]
café (m)	кава (ж)	[ˈkawa]
café (m) preto	чорна кава (ж)	[ˈtʃɔrna ˈkawa]
café (m) com leite	кава (ж) з молоком	[ˈkawa z moloˈkɔm]
cappuccino (m)	капучино (с)	[kapuˈtʃino]
café (m) solúvel	розчинна кава (ж)	[rozˈtʃina ˈkawa]
leite (m)	молоко (с)	[moloˈkɔ]
coquetel (m)	коктейль (ч)	[kokˈtɛjlʲ]
batida (f), milkshake (m)	молочний коктейль (ч)	[moˈlɔtʃnɨj kokˈtɛjlʲ]
suco (m)	сік (ч)	[sik]

suco (m) de tomate	томатний сік (ч)	[to'matnij 'sik]
suco (m) de laranja	апельсиновий сік (ч)	[apɛlʲ'sinowij sik]
suco (m) fresco	свіжовижатий сік (ч)	[swiʒo'wiʒatij sik]
cerveja (f)	пиво (с)	['piwo]
cerveja (f) clara	світле пиво (с)	['switlɛ 'piwo]
cerveja (f) preta	темне пиво (с)	['tɛmnɛ 'piwo]
chá (m)	чай (ч)	[ʧaj]
chá (m) preto	чорний чай (ч)	['ʧɔrnij ʧaj]
chá (m) verde	зелений чай (ч)	[zɛ'lɛnij ʧaj]

54. Vegetais

vegetais (m pl)	овочі (мн)	['ɔwoʧi]
verdura (f)	зелень (ж)	['zɛlɛnʲ]
tomate (m)	помідор (ч)	[pomi'dɔr]
pepino (m)	огірок (ч)	[ohi'rɔk]
cenoura (f)	морква (ж)	['mɔrkwa]
batata (f)	картопля (ж)	[kar'toplʲa]
cebola (f)	цибуля (ж)	[ʦi'bulʲa]
alho (m)	часник (ч)	[ʧas'nik]
couve (f)	капуста (ж)	[ka'pusta]
couve-flor (f)	кольорова капуста (ж)	[kolʲo'rowa ka'pusta]
couve-de-bruxelas (f)	брюссельська капуста (ж)	[brʲu'sɛlʲsʲka ka'pusta]
brócolis (m pl)	броколі (ж)	['brɔkoli]
beterraba (f)	буряк (ч)	[bu'rʲak]
berinjela (f)	баклажан (ч)	[bakla'ʒan]
abobrinha (f)	кабачок (ч)	[kaba'ʧɔk]
abóbora (f)	гарбуз (ч)	[har'buz]
nabo (m)	ріпа (ж)	['ripa]
salsa (f)	петрушка (ж)	[pɛt'ruʃka]
endro, aneto (m)	кріп (ч)	[krip]
alface (f)	салат (ч)	[sa'lat]
aipo (m)	селера (ж)	[sɛ'lɛra]
aspargo (m)	спаржа (ж)	['sparʒa]
espinafre (m)	шпинат (ч)	[ʃpi'nat]
ervilha (f)	горох (ч)	[ho'rɔh]
feijão (~ soja, etc.)	боби (мн)	[bo'bi]
milho (m)	кукурудза (ж)	[kuku'rudza]
feijão (m) roxo	квасоля (ж)	[kwa'sɔlʲa]
pimentão (m)	перець (ч)	['pɛrɛʦ]
rabanete (m)	редиска (ж)	[rɛ'diska]
alcachofra (f)	артишок (ч)	[arti'ʃɔk]

55. Frutos. Nozes

fruta (f)	фрукт (ч)	[frukt]
maçã (f)	яблуко (c)	['jabluko]
pera (f)	груша (ж)	['ɦruʃa]
limão (m)	лимон (ч)	[li'mɔn]
laranja (f)	апельсин (ч)	[apɛlʲ'sin]
morango (m)	полуниця (ж)	[polu'nitsʲa]
tangerina (f)	мандарин (ч)	[manda'rin]
ameixa (f)	слива (ж)	['sɫiwa]
pêssego (m)	персик (ч)	['pɛrsik]
damasco (m)	абрикос (ч)	[abri'kɔs]
framboesa (f)	малина (ж)	[ma'ɫina]
abacaxi (m)	ананас (ч)	[ana'nas]
banana (f)	банан (ч)	[ba'nan]
melancia (f)	кавун (ч)	[ka'wun]
uva (f)	виноград (ч)	[wino'ɦrad]
ginja, cereja (f)	вишня, черешня (ж)	['wiʃnʲa], [ʧɛ'rɛʃnʲa]
ginja (f)	вишня (ж)	['wiʃnʲa]
cereja (f)	черешня (ж)	[ʧɛ'rɛʃnʲa]
melão (m)	диня (ж)	['dinʲa]
toranja (f)	грейпфрут (ч)	[ɦrɛjp'frut]
abacate (m)	авокадо (c)	[awo'kado]
mamão (m)	папайя (ж)	[pa'pajʲa]
manga (f)	манго (c)	['manɦo]
romã (f)	гранат (ч)	[ɦra'nat]
groselha (f) vermelha	порічки (мн)	[po'riʧki]
groselha (f) negra	чорна смородина (ж)	['ʧorna smo'rɔdina]
groselha (f) espinhosa	аґрус (ч)	['agrus]
mirtilo (m)	чорниця (ж)	[ʧor'nitsʲa]
amora (f) silvestre	ожина (ж)	[o'ʒina]
passa (f)	родзинки (мн)	[ro'dzinki]
figo (m)	інжир (ч)	[in'ʒir]
tâmara (f)	фінік (ч)	['finik]
amendoim (m)	арахіс (ч)	[a'rahis]
amêndoa (f)	мигдаль (ч)	[miɦ'dalʲ]
noz (f)	горіх (ч) волоський	[ɦo'rih wo'lɔsʲkij]
avelã (f)	ліщина (ж)	[li'çina]
coco (m)	горіх (ч) кокосовий	[ɦo'rih ko'kɔsowij]
pistaches (m pl)	фісташки (мн)	[fis'taʃki]

56. Pão. Bolaria

pastelaria (f)	кондитерські вироби (мн)	[kon'ditɛrsʲki 'wirobi]
pão (m)	хліб (ч)	[hlib]
biscoito (m), bolacha (f)	печиво (c)	['pɛʧiwo]
chocolate (m)	шоколад (ч)	[ʃoko'lad]

de chocolate	шоколадний	[ʃoko'ladnij]
bala (f)	цукерка (ж)	[ʦu'kɛrka]
doce (bolo pequeno)	тістечко (c)	['tistɛʧko]
bolo (m) de aniversário	торт (ч)	[tort]
torta (f)	пиріг (ч)	[pi'riɦ]
recheio (m)	начинка (ж)	[na'ʧinka]
geleia (m)	варення (c)	[wa'rɛnʲa]
marmelada (f)	мармелад (ч)	[marmɛ'lad]
wafers (m pl)	вафлі (мн)	['wafli]
sorvete (m)	морозиво (c)	[mo'rɔziwo]
pudim (m)	пудинг (ч)	['pudinɦ]

57. Especiarias

sal (m)	сіль (ж)	[silʲ]
salgado (adj)	солоний	[so'lɔnij]
salgar (vt)	солити	[so'liti]
pimenta-do-reino (f)	чорний перець (ч)	['ʧɔrnij 'pɛrɛʦ]
pimenta (f) vermelha	червоний перець (ч)	[ʧɛr'wɔnij 'pɛrɛʦ]
mostarda (f)	гірчиця (ж)	[ɦir'ʧiʦʲa]
raiz-forte (f)	хрін (ч)	[hrin]
condimento (m)	приправа (ж)	[prip'rawa]
especiaria (f)	прянощі (мн)	[prʲa'nɔɕi]
molho (~ inglês)	соус (ч)	['sɔus]
vinagre (m)	оцет (ч)	['ɔʦɛt]
anis estrelado (m)	аніс (ч)	['anis]
manjericão (m)	базилік (ч)	[bazi'lik]
cravo (m)	гвоздика (ж)	[ɦwoz'dika]
gengibre (m)	імбир (ч)	[im'bir]
coentro (m)	коріандр (ч)	[kori'andr]
canela (f)	кориця (ж)	[ko'riʦʲa]
gergelim (m)	кунжут (ч)	[kun'ʒut]
folha (f) de louro	лавровий лист (ч)	[law'rɔwij list]
páprica (f)	паприка (ж)	['paprika]
cominho (m)	кмин (ч)	[kmin]
açafrão (m)	шафран (ч)	[ʃaf'ran]

INFORMAÇÃO PESSOAL. FAMÍLIA

58. Informação pessoal. Formulários

nome (m)	ім'я (с)	[i'm^ʲa]
sobrenome (m)	прізвище (с)	['prizwi̞ɕɛ]
data (f) de nascimento	дата (ж) народження	['data na'rɔdʒɛnʲa]
local (m) de nascimento	місце (с) народження	['mistsɛ na'rɔdʒɛnʲa]
nacionalidade (f)	національність (ж)	[natsio'nalʲnistʲ]
lugar (m) de residência	місце (сı проживання	['mistsɛ prɔʒi'wanʲa]
país (m)	країна (ж)	[kra'jina]
profissão (f)	професія (ж)	[pro'fɛsiʲa]
sexo (m)	стать (ж)	[statʲ]
estatura (f)	зріст (ч)	[zrist]
peso (m)	вага (ж)	[wa'ɦa]

59. Membros da família. Parentes

mãe (f)	мати (жı	['mati]
pai (m)	батько (ч)	['batʲko]
filho (m)	син (ч)	[sin]
filha (f)	дочка (ж)	[dotʃʲka]
caçula (f)	молодша дочка (ж)	[mo'lɔdʃa dotʃʲka]
caçula (m)	молодший син (ч)	[mo'lɔdʃij sin]
filha (f) mais velha	старша дочка (ж)	['starʃa dotʃʲka]
filho (m) mais velho	старший син (ч)	['starʃij sin]
irmão (m)	брат (ч	[brat]
irmão (m) mais velho	старший брат (ч)	[star'ʃij brat]
irmão (m) mais novo	молодший брат (ч)	[mo'lɔdʃij brat]
irmã (f)	сестра (ж)	[sɛst'ra]
irmã (f) mais velha	старша сестра (ж)	[star'ʃa sɛst'ra]
irmã (f) mais nova	молодша сестра (ж)	[mo'lɔdʃa sɛst'ra]
primo (m)	двоюрідний брат (ч)	[dwoʲu'ridnij brat]
prima (f)	двоюрідна сестра (ж)	[dwoʲu'ridna sɛst'ra]
mamãe (f)	мати (ж)	['mati]
papai (m)	тато (чı	['tato]
pais (pl)	батьки (мн)	[batʲ'ki]
criança (f)	дитина (ж)	[di'tina]
crianças (f pl)	діти (мн)	['diti]
avó (f)	бабуся (ж)	[ba'busʲa]
avô (m)	дід (ч)	['did]
neto (m)	онук (ч)	[o'nuk]

---

neta (f)	онука (ж)	[o'nuka]
netos (pl)	онуки (мн)	[o'nukɨ]
tio (m)	дядько (ч)	['dʲadʲko]
tia (f)	тітка (ж)	['titka]
sobrinho (m)	племінник (ч)	[plɛ'minɨk]
sobrinha (f)	племінниця (ж)	[plɛ'minɨtsʲa]
sogra (f)	теща (ж)	['tɛɕa]
sogro (m)	свекор (ч)	['swɛkor]
genro (m)	зять (ч)	[zʲatʲ]
madrasta (f)	мачуха (ж)	['matʃuha]
padrasto (m)	вітчим (ч)	['witʃɨm]
criança (f) de colo	немовля (c)	[nɛmow'lʲa]
bebê (m)	малюк (ч)	[ma'lʲuk]
menino (m)	малюк (ч)	[ma'lʲuk]
mulher (f)	дружина (ж)	[dru'ʒɨna]
marido (m)	чоловік (ч)	[tʃolo'wik]
esposo (m)	чоловік (ч)	[tʃolo'wik]
esposa (f)	дружина (ж)	[dru'ʒɨna]
casado (adj)	одружений	[od'ruʒɛnɨj]
casada (adj)	заміжня	[za'miʒnʲa]
solteiro (adj)	холостий	[holos'tɨj]
solteirão (m)	холостяк (ч)	[holos'tʲak]
divorciado (adj)	розлучений	[roz'lutʃɛnɨj]
viúva (f)	вдова (ж)	[wdo'wa]
viúvo (m)	вдівець (ч)	[wdi'wɛts]
parente (m)	родич (ч)	['rɔdɨtʃ]
parente (m) próximo	близький родич (ч)	[blɨzʲ'kɨj 'rɔdɨtʃ]
parente (m) distante	далекий родич (ч)	[da'lɛkɨj 'rɔdɨtʃ]
parentes (m pl)	рідні (мн)	['ridni]
órfão (m), órfã (f)	сирота (ч)	[sɨro'ta]
órfão (m)	сирота (ч)	[sɨro'ta]
órfã (f)	сирота (ж)	[sɨro'ta]
tutor (m)	опікун (ч)	[opi'kun]
adotar (um filho)	усиновити	[usɨno'wɨtɨ]
adotar (uma filha)	удочерити	[udotʃɛ'rɨtɨ]

60. Amigos. Colegas de trabalho

amigo (m)	друг (ч)	[druɦ]
amiga (f)	подруга (ж)	['pɔdruɦa]
amizade (f)	дружба (ж)	['druʒba]
ser amigos	дружити	[dru'ʒɨtɨ]
amigo (m)	приятель (ч)	['prijatɛlʲ]
amiga (f)	приятелька (ж)	['prijatɛlʲka]
parceiro (m)	партнер (ч)	[part'nɛr]
chefe (m)	шеф (ч)	[ʃɛf]

superior (m)	начальник (ч)	[na'tʃalʲnik]
proprietário (m)	власник	['wlasnik]
subordinado (m)	підлеглий (ч)	[pid'lɛɦlij]
colega (m, f)	колега (ч)	[ko'lɛɦa]
conhecido (m)	знайомий (ч)	[zna'jɔmij]
companheiro (m) de viagem	попутник (ч)	[po'putnik]
colega (m) de classe	однокласник (ч)	[odno'klasnik]
vizinho (m)	сусід (ч)	[su'sid]
vizinha (f)	сусідка (ж)	[su'sidka]
vizinhos (pl)	сусіди (мн)	[su'sidi]

CORPO HUMANO. MEDICINA

61. Cabeça

cabeça (f)	голова (ж)	[ɦolo'wa]
rosto, cara (f)	обличчя (c)	[ob'litʃʲa]
nariz (m)	ніс (ч)	[nis]
boca (f)	рот (ч)	[rot]
olho (m)	око (c)	['ɔko]
olhos (m pl)	очі (мн)	['ɔtʃi]
pupila (f)	зіниця (ж)	[zi'nitsʲa]
sobrancelha (f)	брова (ж)	[bro'wa]
cílio (f)	вія (ж)	['wiʲa]
pálpebra (f)	повіка (ж)	[po'wika]
língua (f)	язик (ч)	[ja'zɨk]
dente (m)	зуб (ч)	[zub]
lábios (m pl)	губи (мн)	['ɦubi]
maçãs (f pl) do rosto	вилиці (мн)	['wɨlitsi]
gengiva (f)	ясна (мн)	['ʲasna]
palato (m)	піднебіння (c)	[pidnɛ'binʲa]
narinas (f pl)	ніздрі (мн)	['nizdri]
queixo (m)	підборіддя (c)	[pidbo'riddʲa]
mandíbula (f)	щелепа (ж)	[ɕɛ'lɛpa]
bochecha (f)	щока (ж)	[ɕo'ka]
testa (f)	чоло (c)	[tʃo'lɔ]
têmpora (f)	скроня (ж)	['skrɔnʲa]
orelha (f)	вухо (c)	['wuho]
costas (f pl) da cabeça	потилиця (ж)	[po'tɨlɨtsʲa]
pescoço (m)	шия (ж)	['ʃiʲa]
garganta (f)	горло (c)	['ɦɔrlo]
cabelo (m)	волосся (c)	[wo'lɔssʲa]
penteado (m)	зачіска (ж)	['zatʃiska]
corte (m) de cabelo	стрижка (ж)	['strɨʒka]
peruca (f)	парик (ч)	[pa'rik]
bigode (m)	вуса (мн)	['wusa]
barba (f)	борода (ж)	[boro'da]
ter (~ barba, etc.)	носити	[no'sɨti]
trança (f)	коса (ж)	[ko'sa]
suíças (f pl)	бакенбарди (мн)	[bakɛn'bardi]
ruivo (adj)	рудий	[ru'dij]
grisalho (adj)	сивий	['sɨwɨj]
careca (adj)	лисий	['lɨsij]
calva (f)	лисина (ж)	['lɨsina]

| rabo-de-cavalo (m) | хвіст (ч) | [hwist] |
| franja (f) | чубчик (ч) | ['ʧubʧik] |

62. Corpo humano

| mão (f) | кисть (ж) | [kistʲ] |
| braço (m) | рука (ж) | [ru'ka] |

dedo (m)	палець (ч)	['palɛʦ]
dedo (m) do pé	палець	['palɛʦʲ]
polegar (m)	великий палець (ч)	[wɛ'likij 'palɛʦ]
dedo (m) mindinho	мізинець (ч)	[mi'zinɛʦ]
unha (f)	ніготь (ч)	['niɦotʲ]

punho (m)	кулак (ч)	[ku'lak]
palma (f)	долоня (ж)	[do'lɔnʲa]
pulso (m)	зап'ясток (ч)	[za'pʲastok]
antebraço (m)	передпліччя (с)	[pɛrɛdp'liʧʲa]
cotovelo (m)	лікоть (ч)	['likotʲ]
ombro (m)	плече (с)	[plɛ'ʧɛ]

perna (f)	гомілка (ж)	[ɦo'milka]
pé (m)	ступня (ж)	[stup'nʲa]
joelho (m)	коліно (с)	[ko'lino]
panturrilha (f)	литка (ж)	['litka]
quadril (m)	стегно (с)	[stɛɦ'nɔ]
calcanhar (m)	п'ятка (ж)	['pʲatka]

corpo (m)	тіло (с)	['tilo]
barriga (f), ventre (m)	живіт (ч)	[ʒi'wit]
peito (m)	груди (мн)	['ɦrudi]
seio (m)	груди (мн)	['ɦrudi]
lado (m)	бік (ч)	[bik]
costas (dorso)	спина (ж)	['spina]
região (f) lombar	поперек (ч)	[popɛ'rɛk]
cintura (f)	талія (ж)	['taliʲa]

umbigo (m)	пупок (ч)	[pu'pɔk]
nádegas (f pl)	сідниці (мн)	[sid'niʦi]
traseiro (m)	зад (ч)	[zad]

sinal (m), pinta (f)	родимка (ж)	['rɔdimka]
sinal (m) de nascença	родима пляма (ж)	[ro'dima 'plʲama]
tatuagem (f)	татуювання (с)	[tatuʲu'wanʲa]
cicatriz (f)	рубець (ч)	[ru'bɛʦ]

63. Doenças

doença (f)	хвороба (ж)	[hwo'rɔba]
estar doente	хворіти	[hwo'riti]
saúde (f)	здоров'я (с)	[zdo'rɔwʲa]
nariz (m) escorrendo	нежить (ч)	['nɛʒitʲ]

amigdalite (f)	ангіна (ж)	[an'ɦina]
resfriado (m)	застуда (ж)	[za'studa]
ficar resfriado	застудитися	[zastu'ditisʲa]
bronquite (f)	бронхіт (ч)	[bron'hit]
pneumonia (f)	запалення (с) легенів	[za'palɛnja lɛ'ɦɛniw]
gripe (f)	грип (ч)	[ɦrip]
míope (adj)	короткозорий	[korotko'zɔrij]
presbita (adj)	далекозорий	[dalɛko'zɔrij]
estrabismo (m)	косоокість (ж)	[koso'ɔkistʲ]
estrábico, vesgo (adj)	косоокий	[koso'ɔkij]
catarata (f)	катаракта (ж)	[kata'rakta]
glaucoma (m)	глаукома (ж)	[ɦlau'kɔma]
AVC (m), apoplexia (f)	інсульт (ч)	[in'sulʲt]
ataque (m) cardíaco	інфаркт (ч)	[in'farkt]
enfarte (m) do miocárdio	інфаркт (ч) міокарду	[in'farkt mio'kardu]
paralisia (f)	параліч (ч)	[para'litʃ]
paralisar (vt)	паралізувати	[paralizu'wati]
alergia (f)	алергія (ж)	[alɛr'ɦiʲa]
asma (f)	астма (ж)	['astma]
diabetes (f)	діабет (ч)	[dia'bɛt]
dor (f) de dente	зубний біль (ч)	[zub'nij bilʲ]
cárie (f)	карієс (ч)	['kariɛs]
diarreia (f)	діарея (ж)	[dia'rɛʲa]
prisão (f) de ventre	запор (ч)	[za'pɔr]
desarranjo (m) intestinal	розлад (ч) шлунку	['rɔzlad 'ʃlunku]
intoxicação (f) alimentar	отруєння (с)	[ot'ruɛnʲa]
intoxicar-se	отруїтись	[otru'jitisʲ]
artrite (f)	артрит (ч)	[art'rit]
raquitismo (m)	рахіт (ч)	[ra'hit]
reumatismo (m)	ревматизм (ч)	[rɛwma'tizm]
arteriosclerose (f)	атеросклероз (ч)	[atɛrosklɛ'rɔz]
gastrite (f)	гастрит (ч)	[ɦast'rit]
apendicite (f)	апендицит (ч)	[apɛndi'ʦit]
colecistite (f)	холецистит (ч)	[holɛʦis'tit]
úlcera (f)	виразка (ж)	['wirazka]
sarampo (m)	кір (ч)	[kir]
rubéola (f)	краснуха (ж)	[kras'nuha]
icterícia (f)	жовтуха (ж)	[ʒow'tuha]
hepatite (f)	гепатит (ч)	[ɦɛpa'tit]
esquizofrenia (f)	шизофренія (ж)	[ʃizofrɛ'niʲa]
raiva (f)	сказ (ч)	[skaz]
neurose (f)	невроз (ч)	[nɛw'rɔz]
contusão (f) cerebral	струс (ч) мозку	['strus 'mɔzku]
câncer (m)	рак (ч)	[rak]
esclerose (f)	склероз (ч)	[sklɛ'rɔz]

esclerose (f) múltipla	розсіяний склероз (ч)	[roz'si'anij sklɛ'rɔz]
alcoolismo (m)	алкоголізм (ч)	[alkoɦo'lizm]
alcoólico (m)	алкоголік (ч)	[alko'ɦolik]
sífilis (f)	сифіліс (ч)	['sifilis]
AIDS (f)	СНІД (ч)	[snid]

tumor (m)	пухлина (ж)	[puh'lina]
maligno (adj)	злоякісна	[zlo'ʲakisna]
benigno (adj)	доброякісна	[dobro'ʲakisna]

febre (f)	гарячка (ж)	[ɦa'rʲatʃka]
malária (f)	малярія (ж)	[malʲa'riʲa]
gangrena (f)	гангрена (ж)	[ɦan'ɦrɛna]
enjoo (m)	морська хвороба (ж)	[morsʲ'ka hwo'rɔba]
epilepsia (f)	епілепсія (ж)	[ɛpi'lɛpsiʲa]

epidemia (f)	епідемія (ж)	[ɛpi'dɛmiʲa]
tifo (m)	тиф (ч)	[tif]
tuberculose (f)	туберкульоз (ч)	[tubɛrku'lʲoz]
cólera (f)	холера (ж)	[ho'lɛra]
peste (f) bubônica	чума (ж)	[tʃu'ma]

64. Sintomas. Tratamentos. Parte 1

sintoma (m)	симптом (ч)	[simp'tɔm]
temperatura (f)	температура (ж)	[tɛmpɛra'tura]
febre (f)	висока температура (ж)	[wi'sɔka tɛmpɛra'tura]
pulso (m)	пульс (ч)	[pulʲs]

vertigem (f)	запаморочення (с)	[za'pamorotʃɛnʲa]
quente (testa, etc.)	гарячий	[ɦa'rʲatʃij]
calafrio (m)	озноб (ч)	[oz'nɔb]
pálido (adj)	блідий	[bli'dij]

tosse (f)	кашель (ч)	['kaʃɛlʲ]
tossir (vi)	кашляти	['kaʃlʲati]
espirrar (vi)	чхати	['tʃhati]
desmaio (m)	непритомність (ж)	[nɛpri'tomnistʲ]
desmaiar (vi)	знепритомніти	[znɛpri'tomniti]

mancha (f) preta	синець (ч)	[si'nɛts]
galo (m)	гуля (ж)	['ɦulʲa]
machucar-se (vr)	ударитись	[u'daritisʲ]
contusão (f)	забите місце (с)	[za'bitɛ 'mistsɛ]
machucar-se (vr)	забитися	[za'bitisʲa]

mancar (vi)	кульгати	[kulʲ'ɦati]
deslocamento (f)	вивих (ч)	['wiwih]
deslocar (vt)	вивихнути	['wiwihnuti]
fratura (f)	перелом (ч)	[pɛrɛ'lɔm]
fraturar (vt)	отримати перелом	[ot'rimati pɛrɛ'lom]

| corte (m) | поріз (ч) | [po'riz] |
| cortar-se (vr) | порізатися | [po'rizatisʲa] |

hemorragia (f)	кровотеча (ж)	[krowo'tɛtʃa]
queimadura (f)	опік (ч)	['ɔpik]
queimar-se (vr)	обпектися	[obpɛk'tisʲa]

picar (vt)	уколоти	[uko'lɔti]
picar-se (vr)	уколотися	[uko'lɔtisʲa]
lesionar (vt)	пошкодити	[poʃ'kɔditi]
lesão (m)	ушкодження (с)	[uʃ'kɔdʒɛnʲa]
ferida (f), ferimento (m)	рана (ж)	['rana]
trauma (m)	травма (ж)	['trawma]

delirar (vi)	марити	['mariti]
gaguejar (vi)	заїкатися	[zaji'katisʲa]
insolação (f)	сонячний удар (ч)	['sɔnʲatʃnij u'dar]

65. Sintomas. Tratamentos. Parte 2

| dor (f) | біль (ч) | [bilʲ] |
| farpa (no dedo, etc.) | скалка (ж) | ['skalka] |

suor (m)	піт (ч)	[pit]
suar (vi)	спітніти	[spit'niti]
vômito (m)	блювота (ж)	[blʲu'wɔta]
convulsões (f pl)	судома (ж)	[su'dɔma]

grávida (adj)	вагітна	[wa'ɦitna]
nascer (vi)	народитися	[naro'ditisʲa]
parto (m)	пологи (мн)	[po'lɔɦi]
dar à luz	народжувати	[na'rɔdʒuwati]
aborto (m)	аборт (ч)	[a'bɔrt]

respiração (f)	дихання (с)	['diɦanʲa]
inspiração (f)	вдих (ч)	[wdiɦ]
expiração (f)	видих (ч)	['widiɦ]
expirar (vi)	видихнути	['widiɦnuti]
inspirar (vi)	зробити вдих	[zro'biti wdiɦ]

inválido (m)	інвалід (ч)	[inwa'lid]
aleijado (m)	каліка (ч)	[ka'lika]
drogado (m)	наркоман (ч)	[narko'man]

surdo (adj)	глухий	[ɦlu'hij]
mudo (adj)	німий	[ni'mij]
surdo-mudo (adj)	глухонімий	[ɦluhoni'mij]

louco, insano (adj)	божевільний	[boʒɛ'wilʲnij]
louco (m)	божевільний (ч)	[boʒɛ'wilʲnij]
louca (f)	божевільна (ж)	[boʒɛ'wilʲna]
ficar louco	збожеволіти	[zboʒɛ'wɔliti]

gene (m)	ген (ч)	[ɦɛn]
imunidade (f)	імунітет (ч)	[imuni'tɛt]
hereditário (adj)	спадковий	[spad'kɔwij]
congênito (adj)	вроджений	['wrɔdʒɛnij]

vírus (m)	вірус (ч)	['wirus]
micróbio (m)	мікроб (ч)	[mik'rɔb]
bactéria (f)	бактерія (ж)	[bak'tɛriʲa]
infecção (f)	інфекція (ж)	[in'fɛktsiʲa]

66. Sintomas. Tratamentos. Parte 3

hospital (m)	лікарня (ж)	[li'karnʲa]
paciente (m)	пацієнт (ч)	[patsi'ɛnt]
diagnóstico (m)	діагноз (ч)	[di'aɦnoz]
cura (f)	лікування (с)	[liku'wanʲa]
tratamento (m) médico	лікування (с)	[liku'wanʲa]
curar-se (vr)	лікуватися	[liku'watisʲa]
tratar (vt)	лікувати	[liku'wati]
cuidar (pessoa)	доглядати	[doɦlʲa'dati]
cuidado (m)	догляд (ч)	['doɦlʲad]
operação (f)	операція (ж)	[opɛ'ratsiʲa]
enfaixar (vt)	перев'язати	[pɛrɛw'ʲa'zati]
enfaixamento (m)	перев'язка (ж)	[pɛrɛ'w'ʲazka]
vacinação (f)	щеплення (с)	['ɕɛplɛnʲa]
vacinar (vt)	робити щеплення	[ro'biti 'ɕɛplɛnʲa]
injeção (f)	ін'єкція (ж)	[i'n'ʲɛktsiʲa]
dar uma injeção	робити укол	[ro'biti u'kɔl]
ataque (~ de asma, etc.)	напад	['napad]
amputação (f)	ампутація (ж)	[ampu'tatsiʲa]
amputar (vt)	ампутувати	[amputu'wati]
coma (f)	кома (ж)	['kɔma]
estar em coma	бути в комі	['buti w 'kɔmi]
reanimação (f)	реанімація (ж)	[rɛani'matsiʲa]
recuperar-se (vr)	видужувати	[wi'duʒuwati]
estado (~ de saúde)	стан (ч)	['stan]
consciência (perder a ~)	свідомість (ж)	[swi'dɔmistʲ]
memória (f)	пам'ять (ж)	['pam'ʲatʲ]
tirar (vt)	видалити	['widaliti]
obturação (f)	пломба (ж)	['plɔmba]
obturar (vt)	пломбувати	[plombu'wati]
hipnose (f)	гіпноз (ч)	[ɦip'nɔz]
hipnotizar (vt)	гіпнотизувати	[ɦipnotizu'wati]

67. Medicina. Drogas. Acessórios

medicamento (m)	ліки (мн)	['liki]
remédio (m)	засіб (ч)	['zasib]
receitar (vt)	прописати	[propi'sati]
receita (f)	рецепт (ч)	[rɛ'tsɛpt]

comprimido (m)	пігулка (ж)	[pi'ɦulka]
unguento (m)	мазь (ж)	[mazʲ]
ampola (f)	ампула (ж)	['ampula]
solução, preparado (m)	мікстура (ж)	[miks'tura]
xarope (m)	сироп (ч)	[sɨ'rɔp]
cápsula (f)	пігулка (ж)	[pi'ɦulka]
pó (m)	порошок (ч)	[poro'ʃɔk]
atadura (f)	бинт (ч)	[bɨnt]
algodão (m)	вата (ж)	['wata]
iodo (m)	йод (ч)	[ʲod]
curativo (m) adesivo	лейкопластир (ч)	[lɛjko'plastɨr]
conta-gotas (m)	піпетка (ж)	[pi'pɛtka]
termômetro (m)	градусник (ч)	['ɦradusnɨk]
seringa (f)	шприц (ч)	[ʃprɨts]
cadeira (f) de rodas	інвалідне крісло (c)	[inwa'lidnɛ 'krislo]
muletas (f pl)	милиці (мн)	['milɨtsi]
analgésico (m)	знеболювальне (c)	[znɛ'bɔlʲuwalʲnɛ]
laxante (m)	проносне (c)	[pronos'nɛ]
álcool (m)	спирт (ч)	[spɨrt]
ervas (f pl) medicinais	лікарська трава (ж)	['likarsʲka tra'wa]
de ervas (chá ~)	трав'яний	[trawʲa'nɨj]

APARTAMENTO

68. Apartamento

apartamento (m)	квартира (ж)	[kwar'tira]
quarto, cômodo (m)	кімната (ж)	[kim'nata]
quarto (m) de dormir	спальня (ж)	['spalʲnʲa]
sala (f) de jantar	їдальня (ж)	['jidalʲnʲa]
sala (f) de estar	вітальня (ж)	[wi'talʲnʲa]
escritório (m)	кабінет (ч)	[kabi'nɛt]
sala (f) de entrada	передпокій (ч)	[pɛrɛd'pɔkij]
banheiro (m)	ванна кімната (ж)	['wana kim'nata]
lavabo (m)	туалет (ч)	[tua'lɛt]
teto (m)	стеля (ж)	['stɛlʲa]
chão, piso (m)	підлога (ж)	[pid'lɔɦa]
canto (m)	куток (ч)	[ku'tɔk]

69. Mobiliário. Interior

mobiliário (m)	меблі (мн)	['mɛbli]
mesa (f)	стіл (ч)	[stil]
cadeira (f)	стілець (ч)	[sti'lɛts]
cama (f)	ліжко (с)	['liʒko]
sofá, divã (m)	диван (ч)	[di'wan]
poltrona (f)	крісло (с)	['krislo]
estante (f)	шафа (ж)	['ʃafa]
prateleira (f)	полиця (ж)	[po'litsʲa]
guarda-roupas (m)	шафа (ж)	['ʃafa]
cabide (m) de parede	вішалка (ж)	['wiʃalka]
cabideiro (m) de pé	вішак (ч)	[wi'ʃak]
cômoda (f)	комод (ч)	[ko'mɔd]
mesinha (f) de centro	журнальний столик (ч)	[ʒur'nalʲnij 'stɔlik]
espelho (m)	дзеркало (с)	['dzɛrkalo]
tapete (m)	килим (ч)	['kiɫim]
tapete (m) pequeno	килимок (ч)	[kiɫi'mɔk]
lareira (f)	камін (ч)	[ka'min]
vela (f)	свічка (ж)	['switʃka]
castiçal (m)	свічник (ч)	[switʃ'nik]
cortinas (f pl)	штори (мн)	['ʃtɔri]
papel (m) de parede	шпалери (мн)	[ʃpa'lɛri]

persianas (f pl)	жалюзі (мн)	[ˈʒalʲuzi]
luminária (f) de mesa	настільна лампа (ж)	[naˈstilʲna ˈlampa]
luminária (f) de parede	світильник (ч)	[swiˈtilʲnik]
abajur (m) de pé	торшер (ч)	[torˈʃɛr]
lustre (m)	люстра (ж)	[ˈlʲustra]

pé (de mesa, etc.)	ніжка (ж)	[ˈniʒka]
braço, descanso (m)	підлокітник (ч)	[pidloˈkitnik]
costas (f pl)	спинка (ж)	[ˈspinka]
gaveta (f)	шухляда (ж)	[ʃuhˈlʲada]

70. Quarto de dormir

roupa (f) de cama	білизна (ж)	[biˈlizna]
travesseiro (m)	подушка (ж)	[poˈduʃka]
fronha (f)	наволочка (ж)	[ˈnawolotʃka]
cobertor (m)	ковдра (ж)	[ˈkɔwdra]
lençol (m)	простирадло (с)	[prostiˈradlo]
colcha (f)	покривало (с)	[pokriˈwalo]

71. Cozinha

cozinha (f)	кухня (ж)	[ˈkuhnʲa]
gás (m)	газ (ч)	[ɦaz]
fogão (m) a gás	плита (ж) газова	[pliˈta ˈɦazowa]
fogão (m) elétrico	плита (ж) електрична	[pliˈta ɛlɛktˈritʃna]
forno (m)	духовка (ж)	[duˈhɔwka]
forno (m) de micro-ondas	мікрохвильова піч (ж)	[mikrohwilʲoˈwa pitʃ]

geladeira (f)	холодильник (ч)	[holoˈdilʲnik]
congelador (m)	морозильник (ч)	[moroˈzilʲnik]
máquina (f) de lavar louça	посудомийна машина (ж)	[posudoˈmijna maˈʃina]

moedor (m) de carne	м'ясорубка (ж)	[mʲʲasoˈrubka]
espremedor (m)	соковижималка (ж)	[sokowiʒiˈmalka]
torradeira (f)	тостер (ч)	[ˈtɔstɛr]
batedeira (f)	міксер (ч)	[ˈmiksɛr]

máquina (f) de café	кавоварка (ж)	[kawoˈwarka]
cafeteira (f)	кавник (ч)	[kawˈnik]
moedor (m) de café	кавомолка (ж)	[kawoˈmɔlka]

chaleira (f)	чайник (ч)	[ˈtʃajnik]
bule (m)	заварник (ч)	[zaˈwarnik]
tampa (f)	кришка (ж)	[ˈkriʃka]
coador (m) de chá	ситечко (с)	[ˈsitɛtʃko]

colher (f)	ложка (ж)	[ˈlɔʒka]
colher (f) de chá	чайна ложка (ж)	[ˈtʃajna ˈlɔʒka]
colher (f) de sopa	столова ложка (ж)	[stoˈlɔwa ˈlɔʒka]
garfo (m)	виделка (ж)	[wiˈdɛlka]
faca (f)	ніж (ч)	[niʒ]

louça (f)	посуд (ч)	['pɔsud]
prato (m)	тарілка (ж)	[ta'rilka]
pires (m)	блюдце (c)	['blʲudtsɛ]

cálice (m)	чарка (ж)	['tʃarka]
copo (m)	склянка (ж)	['sklʲanka]
xícara (f)	чашка (ж)	['tʃaʃka]

açucareiro (m)	цукорниця (ж)	['tsukornitsʲa]
saleiro (m)	сільничка (ж)	[silʲ'nitʃka]
pimenteiro (m)	перечниця (ж)	['pɛrɛtʃnitsʲa]
manteigueira (f)	маслянка (ж)	['maslʲanka]

panela (f)	каструля (ж)	[kas'trulʲa]
frigideira (f)	сковорідка (ж)	[skowo'ridka]
concha (f)	черпак (ч)	[tʃɛr'pak]
coador (m)	друшляк (ч)	[druʃʲlʲak]
bandeja (f)	піднос (ч)	[pid'nɔs]

garrafa (f)	пляшка (ж)	['plʲaʃka]
pote (m) de vidro	банка (ж)	['banka]
lata (~ de cerveja)	бляшанка (ж)	[blʲa'ʃanka]

abridor (m) de garrafa	відкривачка (ж)	[widkri'watʃka]
abridor (m) de latas	відкривачка (ж)	[widkri'watʃka]
saca-rolhas (m)	штопор (ч)	['ʃtɔpor]
filtro (m)	фільтр (ч)	['filʲtr]
filtrar (vt)	фільтрувати	[filʲtru'wati]

| lixo (m) | сміття (c) | [smit'tʲa] |
| lixeira (f) | відро (c) для сміття | [wid'ro dlʲa smit'tʲa] |

72. Casa de banho

banheiro (m)	ванна кімната (ж)	['wana kim'nata]
água (f)	вода (ж)	[wo'da]
torneira (f)	кран (ч)	[kran]
água (f) quente	гаряча вода (ж)	[ɦa'rʲatʃa wo'da]
água (f) fria	холодна вода (ж)	[ho'lɔdna wo'da]

pasta (f) de dente	зубна паста (ж)	[zub'na 'pasta]
escovar os dentes	чистити зуби	['tʃistiti 'zubi]
escova (f) de dente	зубна щітка (ж)	[zub'na 'ɕitka]

barbear-se (vr)	голитися	[ɦo'litisʲa]
espuma (f) de barbear	піна (ж) для гоління	['pina dlʲa ɦo'linʲa]
gilete (f)	бритва (ж)	['britwa]

lavar (vt)	мити	['miti]
tomar banho	митися	['mitisʲa]
chuveiro (m), ducha (f)	душ (ч)	[duʃ]
tomar uma ducha	приймати душ	[prij'mati duʃ]
banheira (f)	ванна (ж)	['wana]
vaso (m) sanitário	унітаз (ч)	[uni'taz]

pia (f)	раковина (ж)	['rakowɨna]
sabonete (m)	мило (с)	['mɨlo]
saboneteira (f)	мильниця (ж)	['mɨlʲnitsʲa]

esponja (f)	губка (ж)	['ɦubka]
xampu (m)	шампунь (ч)	[ʃam'punʲ]
toalha (f)	рушник (ч)	[ruʃ'nɨk]
roupão (m) de banho	халат (ч)	[ha'lat]

lavagem (f)	прання (с)	[pra'nʲa]
lavadora (f) de roupas	пральна машина (ж)	['pralʲna ma'ʃɨna]
lavar a roupa	прати білизну	['pratɨ bi'lɨznu]
detergente (m)	пральний порошок (ч)	['pralʲnɨj poro'ʃɔk]

73. Eletrodomésticos

televisor (m)	телевізор (ч)	[tɛlɛ'wizor]
gravador (m)	магнітофон (ч)	[maɦnito'fɔn]
videogravador (m)	відеомагнітофон (ч)	['widɛo maɦnito'fɔn]
rádio (m)	приймач (ч)	[prɨj'matʃ]
leitor (m)	плеєр (ч)	['plɛɛr]

projetor (m)	відеопроектор (ч)	['widɛo pro'ɛktor]
cinema (m) em casa	домашній кінотеатр (ч)	[do'maʃnij kinotɛ'atr]
DVD Player (m)	програвач (ч) DVD	[proɦra'watʃ dɨwi'di]
amplificador (m)	підсилювач (ч)	[pid'sɨlʲuwatʃ]
console (f) de jogos	гральна приставка (ж)	['ɦralʲna pri'stawka]

câmera (f) de vídeo	відеокамера (ж)	['widɛo 'kamɛra]
máquina (f) fotográfica	фотоапарат (ч)	[fotoapa'rat]
câmera (f) digital	цифровий фотоапарат (ч)	[tsifro'wij fotoapa'rat]

aspirador (m)	пилосос (ч)	[pɨlo'sɔs]
ferro (m) de passar	праска (ж)	['praska]
tábua (f) de passar	дошка (ж) для прасування	['dɔʃka dlʲa prasu'wanʲa]

telefone (m)	телефон (ч)	[tɛlɛ'fɔn]
celular (m)	мобільний телефон (ч)	[mo'bilʲnɨj tɛlɛ'fon]
máquina (f) de escrever	писемна машинка (ж)	[pɨ'sɛmna ma'ʃɨnka]
máquina (f) de costura	швейна машинка (ж)	['ʃwɛjna ma'ʃɨnka]

microfone (m)	мікрофон (ч)	[mikro'fɔn]
fone (m) de ouvido	навушники (мн)	[na'wuʃnɨki]
controle remoto (m)	пульт (ч)	[pulʲt]

CD (m)	CD-диск (ч)	[si'di dɨsk]
fita (f) cassete	касета (ж)	[ka'sɛta]
disco (m) de vinil	платівка (ж)	[pla'tiwka]

A TERRA. TEMPO

espaço, cosmo (m)	космос (ч)	['kɔsmos]
espacial, cósmico (adj)	космічний	[kos'mitʃnij]
espaço (m) cósmico	космічний простір (ч)	[kos'mitʃnij 'prɔstir]
mundo (m)	світ (ч)	[swit]
universo (m)	всесвіт (ч)	['wsɛswit]
galáxia (f)	галактика (ж)	[ɦa'laktika]
estrela (f)	зірка (ж)	['zirka]
constelação (f)	сузір'я (с)	[su'zirʲʲa]
planeta (m)	планета (ж)	[pla'nɛta]
satélite (m)	супутник (ч)	[su'putnɨk]
meteorito (m)	метеорит (ч)	[mɛtɛo'rit]
cometa (m)	комета (ж)	[ko'mɛta]
asteroide (m)	астероїд (ч)	[astɛ'rɔjɨd]
órbita (f)	орбіта (ж)	[or'bita]
girar (vi)	обертатися	[obɛr'tatisʲa]
atmosfera (f)	атмосфера (ж)	[atmos'fɛra]
Sol (m)	Сонце (с)	['sɔnʦɛ]
Sistema (m) Solar	Сонячна система (ж)	['sɔnʲatʃna sis'tɛma]
eclipse (m) solar	сонячне затемнення (с)	['sɔnʲatʃnɛ za'tɛmnɛnʲa]
Terra (f)	Земля (ж)	[zɛm'lʲʲa]
Lua (f)	Місяць (ж)	['misʲats]
Marte (m)	Марс (ч)	[mars]
Vênus (f)	Венера (ж)	[wɛ'nɛra]
Júpiter (m)	Юпітер (ч)	[ʲu'pitɛr]
Saturno (m)	Сатурн (ч)	[sa'turn]
Mercúrio (m)	Меркурій (ч)	[mɛr'kurij]
Urano (m)	Уран (ч)	[u'ran]
Netuno (m)	Нептун (ч)	[nɛp'tun]
Plutão (m)	Плутон (ч)	[plu'tɔn]
Via Láctea (f)	Чумацький Шлях (ч)	[ʧu'matskij ʃlʲah]
Ursa Maior (f)	Велика Ведмедиця (ж)	[wɛ'lɨka wɛd'mɛdɨʦʲa]
Estrela Polar (f)	Полярна Зірка (ж)	[po'lʲʲarna 'zirka]
marciano (m)	марсіанин (ч)	[marsi'anɨn]
extraterrestre (m)	інопланетянин (ч)	[inoplanɛ'tʲanɨn]

| alienígena (m) | прибулець (ч) | [pri'bulɛts] |
| disco (m) voador | літаюча тарілка (ж) | [liˈtaʲutʃa taˈrilka] |

espaçonave (f)	космічний корабель (ч)	[kosˈmitʃnij koraˈbɛlʲ]
estação (f) orbital	орбітальна станція (ж)	[orbiˈtalʲna ˈstantsiʲa]
lançamento (m)	старт (ч)	[start]

motor (m)	двигун (ч)	[dwiˈɦun]
bocal (m)	сопло (c)	[ˈsɔplo]
combustível (m)	паливо (c)	[ˈpaliwo]

cabine (f)	кабіна (ж)	[kaˈbina]
antena (f)	антена (ж)	[anˈtɛna]
vigia (f)	ілюмінатор (ч)	[ilʲumiˈnator]
bateria (f) solar	сонячна батарея (ж)	[ˈsɔnʲatʃna bataˈrɛʲa]
traje (m) espacial	скафандр (ч)	[skaˈfandr]

| imponderabilidade (f) | невагомість (ж) | [nɛwaˈɦɔmistʲ] |
| oxigênio (m) | кисень (ч) | [ˈkisɛnʲ] |

| acoplagem (f) | стикування (c) | [stikuˈwanʲa] |
| fazer uma acoplagem | здійснювати стикування | [ˈzdijsnʲuwati stikuˈwanʲa] |

observatório (m)	обсерваторія (ж)	[obsɛrwaˈtɔriʲa]
telescópio (m)	телескоп (ч)	[tɛlɛˈskɔp]
observar (vt)	спостерігати	[spostɛriˈɦati]
explorar (vt)	досліджувати	[doˈslidʒuwati]

75. A Terra

Terra (f)	Земля (ж)	[zɛmˈlʲa]
globo terrestre (Terra)	земна куля (ж)	[zɛmˈna ˈkulʲa]
planeta (m)	планета (ж)	[plaˈnɛta]

atmosfera (f)	атмосфера (ж)	[atmosˈfɛra]
geografia (f)	географія (ж)	[ɦɛoˈɦrafiʲa]
natureza (f)	природа (ж)	[priˈrɔda]

globo (mapa esférico)	глобус (ч)	[ˈɦlɔbus]
mapa (m)	карта (ж)	[ˈkarta]
atlas (m)	атлас (ч)	[ˈatlas]

| Europa (f) | Європа (ж) | [ɛwˈrɔpa] |
| Ásia (f) | Азія (ж) | [ˈaziʲa] |

| África (f) | Африка (ж) | [ˈafrika] |
| Austrália (f) | Австралія (ж) | [awˈstraliʲa] |

América (f)	Америка (ж)	[aˈmɛrika]
América (f) do Norte	Північна Америка (ж)	[piwˈnitʃna aˈmɛrika]
América (f) do Sul	Південна Америка (ж)	[piwˈdɛna aˈmɛrika]

| Antártida (f) | Антарктида (ж) | [antarkˈtida] |
| Ártico (m) | Арктика (ж) | [ˈarktika] |

76. Pontos cardeais

norte (m)	північ (ж)	['piwnitʃ]
para norte	на північ	[na 'piwnitʃ]
no norte	на півночі	[na 'piwnotʃi]
do norte (adj)	північний	[piw'nitʃnij]
sul (m)	південь (ч)	['piwdɛnʲ]
para sul	на південь	[na 'piwdɛnʲ]
no sul	на півдні	[na 'piwdni]
do sul (adj)	південний	[piw'dɛnij]
oeste, ocidente (m)	захід (ч)	['zahid]
para oeste	на захід	[na 'zahid]
no oeste	на заході	[na 'zahodi]
ocidental (adj)	західний	['zahidnij]
leste, oriente (m)	схід (ч)	[shid]
para leste	на схід	[na 'shid]
no leste	на сході	[na 'shɔdi]
oriental (adj)	східний	['shidnij]

77. Mar. Oceano

mar (m)	море (с)	['mɔrɛ]
oceano (m)	океан (ч)	[okɛ'an]
golfo (m)	затока (ж)	[za'tɔka]
estreito (m)	протока (ж)	[pro'tɔka]
terra (f) firme	земля, суша (ж)	[zɛm'lʲa], ['suʃa]
continente (m)	материк (ч)	[matɛ'rik]
ilha (f)	острів (ч)	['ɔstriw]
península (f)	півострів (ч)	[pi'wɔstriw]
arquipélago (m)	архіпелаг (ч)	[arhipɛ'laɦ]
baía (f)	бухта (ж)	['buhta]
porto (m)	гавань (ж)	['ɦawanʲ]
lagoa (f)	лагуна (ж)	[la'ɦuna]
cabo (m)	мис (ч)	[mis]
atol (m)	атол (ч)	[a'tɔl]
recife (m)	риф (ч)	[rif]
coral (m)	корал (ч)	[ko'ral]
recife (m) de coral	кораловий риф (ч)	[ko'ralowij rif]
profundo (adj)	глибокий	[ɦli'bɔkij]
profundidade (f)	глибина (ж)	[ɦlibi'na]
abismo (m)	безодня (ж)	[bɛ'zɔdnʲa]
fossa (f) oceânica	западина (ж)	[za'padina]
corrente (f)	течія (ж)	['tɛtʃiʲa]
banhar (vt)	омивати	[omi'wati]
litoral (m)	берег (ч)	['bɛrɛɦ]

costa (f)	узбережжя (c)	[uzbɛ'rɛzʲa]
maré (f) alta	приплив (ч)	[prip'łiw]
refluxo (m)	відлив (ч)	[wid'łiw]
restinga (f)	мілина (ж)	[miłi'na]
fundo (m)	дно (c)	[dno]

onda (f)	хвиля (ж)	['hwiłʲa]
crista (f) da onda	гребінь (ч) хвилі	['ɦrɛbinʲ 'hwiłi]
espuma (f)	піна (ж)	[pi'na]

tempestade (f)	буря (ж)	['burʲa]
furacão (m)	ураган (ч)	[uraɦan]
tsunami (m)	цунамі (c)	[ʦu'nami]
calmaria (f)	штиль (ч)	[ʃtiłʲ]
calmo (adj)	спокійний	[spo'kijnij]

polo (m)	полюс (ч)	['polʲus]
polar (adj)	полярний	[po'lʲarnij]

latitude (f)	широта (ж)	[ʃiro'ta]
longitude (f)	довгота (ж)	[dowɦo'ta]
paralela (f)	паралель (ж)	[para'łɛlʲ]
equador (m)	екватор (ч)	[ɛk'wator]

céu (m)	небо (c)	['nɛbo]
horizonte (m)	горизонт (ч)	[ɦori'zont]
ar (m)	повітря (c)	[po'witrʲa]

farol (m)	маяк (ч)	[ma'ʲak]
mergulhar (vi)	пірнати	[pir'nati]
afundar-se (vr)	затонути	[zato'nuti]
tesouros (m pl)	скарби (мн)	[skar'bi]

78. Nomes de Mares e Oceanos

Oceano (m) Atlântico	Атлантичний океан (ч)	[atlan'tiʧnij okɛ'an]
Oceano (m) Índico	Індійський океан (ч)	[in'dijsʲkij okɛ'an]
Oceano (m) Pacífico	Тихий океан (ч)	['tiɦij okɛ'an]
Oceano (m) Ártico	Північний Льодовитий океан (ч)	[piw'niʧnij lʲodo'witij okɛ'an]

Mar (m) Negro	Чорне море (c)	['ʧornɛ 'mɔrɛ]
Mar (m) Vermelho	Червоне море (c)	[ʧɛr'wonɛ 'mɔrɛ]
Mar (m) Amarelo	Жовте море (c)	['ʒowtɛ 'mɔrɛ]
Mar (m) Branco	Біле море (c)	['biłɛ 'mɔrɛ]

Mar (m) Cáspio	Каспійське море (c)	[kas'pijsʲkɛ 'mɔrɛ]
Mar (m) Morto	Мертве море (c)	['mɛrtwɛ 'mɔrɛ]
Mar (m) Mediterrâneo	Середземне море (c)	[sɛrɛ'dzemnɛ 'mɔrɛ]

Mar (m) Egeu	Егейське море (c)	[ɛ'ɦɛjsʲkɛ 'mɔrɛ]
Mar (m) Adriático	Адріатичне море (c)	[adria'tiʧnɛ 'mɔrɛ]
Mar (m) Arábico	Аравійське море (c)	[ara'wijsʲkɛ 'mɔrɛ]
Mar (m) do Japão	Японське море (c)	[ja'ponsʲkɛ 'mɔrɛ]

| Mar (m) de Bering | Берингове море (c) | ['bɛrinɦowɛ 'mɔrɛ] |
| Mar (m) da China Meridional | Південно-Китайське море (c) | [piw'dɛno ki'tajsʲkɛ 'mɔrɛ] |

Mar (m) de Coral	Коралове море (c)	[ko'ralowɛ 'mɔrɛ]
Mar (m) de Tasman	Тасманове море (c)	[tas'manowɛ 'mɔrɛ]
Mar (m) do Caribe	Карибське море (c)	[ka'rɪbsʲkɛ 'mɔrɛ]

| Mar (m) de Barents | Баренцеве море (c) | ['barɛnʦɛwɛ 'mɔrɛ] |
| Mar (m) de Kara | Карське море (c) | ['karsʲkɛ 'mɔrɛ] |

Mar (m) do Norte	Північне море (c)	[piw'niʧnɛ 'mɔrɛ]
Mar (m) Báltico	Балтійське море (c)	[bal'tijsʲkɛ 'mɔrɛ]
Mar (m) da Noruega	Норвезьке море (c)	[nor'wɛzʲkɛ 'mɔrɛ]

79. Montanhas

montanha (f)	гора (ж)	[ɦo'ra]
cordilheira (f)	гірський ланцюг (ч)	[ɦirsʲ'kij lan'ʦʲuɦ]
serra (f)	гірський хребет (ч)	[ɦirsʲ'kij hrɛ'bɛt]

cume (m)	вершина (ж)	[wɛr'ʃina]
pico (m)	шпиль (ч)	[ʃpiɫʲ]
pé (m)	підніжжя (c)	[pid'niʐʲa]
declive (m)	схил (ч)	[shiɫ]

vulcão (m)	вулкан (ч)	[wul'kan]
vulcão (m) ativo	діючий вулкан (ч)	['diʲuʧij wul'kan]
vulcão (m) extinto	згаслий вулкан (ч)	['zɦaslij wul'kan]

erupção (f)	виверження (c)	['wiwɛrʒɛnʲa]
cratera (f)	кратер (ч)	['kratɛr]
magma (m)	магма (ж)	['maɦma]
lava (f)	лава (ж)	['lawa]
fundido (lava ~a)	розжарений	[roz'ʒarɛnij]

cânion, desfiladeiro (m)	каньйон (ч)	[kanʲ'jon]
garganta (f)	ущелина (ж)	[u'ɕɛlina]
fenda (f)	розщілина (ж)	[roz'ɕilina]
precipício (m)	прірва (ж), обрив (ч)	['prirwa], [ob'riw]

passo, colo (m)	перевал (ч)	[pɛrɛ'wal]
planalto (m)	плато (c)	['plato]
falésia (f)	скеля (ж)	['skɛlʲa]
colina (f)	пагорб (ч)	['paɦorb]

geleira (f)	льодовик (ч)	[lʲodo'wik]
cachoeira (f)	водоспад (ч)	[wodos'pad]
gêiser (m)	гейзер (ч)	['ɦejzɛr]
lago (m)	озеро (c)	['ɔzɛro]

planície (f)	рівнина (ж)	[riw'nina]
paisagem (f)	краєвид (ч)	[kraɛ'wid]
eco (m)	луна (ж)	[lu'na]

alpinista (m)	альпініст (ч)	[alʲpiˈnist]
escalador (m)	скелелаз (ч)	[skɛlɛˈlaz]
conquistar (vt)	підкоряти	[pidkoˈrʲati]
subida, escalada (f)	підйом (ч)	[pidˈjɔm]

80. Nomes de montanhas

Alpes (m pl)	Альпи (мн)	[ˈalʲpɨ]
Monte Branco (m)	Монблан (ч)	[monˈblan]
Pirineus (m pl)	Піренеї (мн)	[pirɛˈnɛjɨ]

Cárpatos (m pl)	Карпати (мн)	[karˈpatɨ]
Urais (m pl)	Уральські гори (мн)	[uˈralʲsʲki ˈɦorɨ]
Cáucaso (m)	Кавказ (ч)	[kawˈkaz]
Elbrus (m)	Ельбрус (ч)	[ɛlʲbˈrus]

Altai (m)	Алтай (ч)	[alˈtaj]
Tian Shan (m)	Тянь-Шань (мн)	[tʲanʲ ˈʃanʲ]
Pamir (m)	Памір (ч)	[paˈmir]
Himalaia (m)	Гімалаї (мн)	[ɦimaˈlaji]
monte Everest (m)	Еверест (ч)	[ɛwɛˈrɛst]

| Cordilheira (f) dos Andes | Анди (мн) | [ˈandɨ] |
| Kilimanjaro (m) | Кіліманджаро (ж) | [kilimanˈdʒaro] |

81. Rios

rio (m)	ріка (ж)	[ˈrika]
fonte, nascente (f)	джерело (с)	[dʒɛrɛˈlɔ]
leito (m) de rio	річище (с)	[ˈritʃiɕɛ]
bacia (f)	басейн (ч)	[baˈsɛjn]
desaguar no ...	впадати у...	[wpaˈdatɨ u...]

| afluente (m) | притока (ж) | [priˈtɔka] |
| margem (do rio) | берег (ч) | [ˈbɛrɛɦ] |

corrente (f)	течія (ж)	[ˈtɛtʃiʲa]
rio abaixo	вниз за течією	[wnɨz za ˈtɛtʃiɛʲu]
rio acima	уверх за течією	[uˈwɛrh po ˈtɛtʃiɛʲu]

inundação (f)	повінь (ж)	[ˈpɔwinʲ]
cheia (f)	повінь (ж)	[ˈpɔwinʲ]
transbordar (vi)	розливатися	[rozlɨˈwatisʲa]
inundar (vt)	затоплювати	[zaˈtɔplʲuwatɨ]

| banco (m) de areia | мілина (ж) | [milɨˈna] |
| corredeira (f) | поріг (ч) | [poˈriɦ] |

barragem (f)	гребля (ж)	[ˈɦrɛblʲa]
canal (m)	канал (ч)	[kaˈnal]
reservatório (m) de água	водосховище (с)	[wodoˈshɔwiɕɛ]
eclusa (f)	шлюз (ч)	[ʃlʲuz]

corpo (m) de água	водойма (ж)	[wo'dɔjma]
pântano (m)	болото (с)	[bo'lɔto]
lamaçal (m)	трясовина (ж)	[trʲasowɨ'na]
redemoinho (m)	вир (ч)	[wir]
riacho (m)	струмок (ч)	[stru'mɔk]
potável (adj)	питний	['pɨtnɨj]
doce (água)	прісний	['prisnɨj]
gelo (m)	лід (ч), крига (ж)	[lid], ['krɨɦa]
congelar-se (vr)	замерзнути	[za'mɛrznutɨ]

82. Nomes de rios

rio Sena (m)	Сена (ж)	['sɛna]
rio Loire (m)	Луара (ж)	[lu'ara]
rio Tâmisa (m)	Темза (ж)	['tɛmza]
rio Reno (m)	Рейн (ч)	[rɛjn]
rio Danúbio (m)	Дунай (ч)	[du'naj]
rio Volga (m)	Волга (ж)	['wɔlɦa]
rio Don (m)	Дон (ч)	[don]
rio Lena (m)	Лена (ж)	['lɛna]
rio Amarelo (m)	Хуанхе (ж)	[huan'hɛ]
rio Yangtzé (m)	Янцзи (ж)	[janʦ'zɨ]
rio Mekong (m)	Меконг (ч)	[mɛ'kɔnɦ]
rio Ganges (m)	Ганг (ч)	[ɦanɦ]
rio Nilo (m)	Ніл (ч)	[nil]
rio Congo (m)	Конго (ж)	['kɔnɦo]
rio Cubango (m)	Окаванго (ж)	[oka'wanɦo]
rio Zambeze (m)	Замбезі (ж)	[zam'bɛzi]
rio Limpopo (m)	Лімпопо (ж)	[limpo'pɔ]
rio Mississippi (m)	Міссісіпі (ж)	[misi'sipi]

83. Floresta

floresta (f), bosque (m)	ліс (ч)	[lis]
florestal (adj)	лісовий	[liso'wɨj]
mata (f) fechada	хаща (ж)	['haɕa]
arvoredo (m)	гай (ч)	[ɦaj]
clareira (f)	галявина (ж)	[ɦa'lʲawɨna]
matagal (m)	зарості (мн)	['zarosti]
mato (m), caatinga (f)	чагарник (ч)	[ʧa'ɦarnɨk]
pequena trilha (f)	стежина (ж)	[stɛ'ʒina]
ravina (f)	яр (ч)	[jar]
árvore (f)	дерево (с)	['dɛrɛwo]

| folha (f) | листок (ч) | [lis'tɔk] |
| folhagem (f) | листя (c) | ['listʲa] |

queda (f) das folhas	листопад (ч)	[listo'pad]
cair (vi)	опадати	[opa'dati]
topo (m)	верхівка (ж)	[wɛr'hiwka]

ramo (m)	гілка (ж)	['hilka]
galho (m)	сук (ч)	[suk]
botão (m)	брунька (ж)	['brunʲka]
agulha (f)	голка (ж)	['hɔlka]
pinha (f)	шишка (ж)	['ʃiʃka]

| buraco (m) de árvore | дупло (c) | [dup'lɔ] |
| ninho (m) | гніздо (c) | [hniz'dɔ] |

tronco (m)	стовбур (ч)	['stɔwbur]
raiz (f)	корінь (ч)	['kɔrinʲ]
casca (f) de árvore	кора (ж)	[ko'ra]
musgo (m)	мох (ч)	[moh]

arrancar pela raiz	корчувати	[korʧu'wati]
cortar (vt)	рубати	[ru'bati]
desflorestar (vt)	вирубувати ліс	[wi'rubuwati lis]
toco, cepo (m)	пень (ч)	[pɛnʲ]

fogueira (f)	багаття (c)	[ba'hattʲa]
incêndio (m) florestal	лісова пожежа (ж)	[liso'wa po'ʒɛʒa]
apagar (vt)	тушити	[tu'ʃiti]

guarda-parque (m)	лісник (ч)	[lis'nik]
proteção (f)	охорона (ж)	[oho'rɔna]
proteger (a natureza)	охороняти	[ohoro'nʲati]
caçador (m) furtivo	браконьєр (ч)	[brako'nʲɛr]
armadilha (f)	капкан (ч)	[kap'kan]

colher (cogumelos)	збирати	[zbi'rati]
colher (bagas)	збирати	[zbi'rati]
perder-se (vr)	заблукати	[zablu'kati]

84. Recursos naturais

recursos (m pl) naturais	природні ресурси (мн)	[pri'rɔdni rɛ'sursi]
minerais (m pl)	корисні копалини (мн)	['kɔrisni ko'palini]
depósitos (m pl)	поклади (мн)	['pɔkladi]
jazida (f)	родовище (c)	[ro'dɔwiɕɛ]

extrair (vt)	добувати	[dobu'wati]
extração (f)	добування (c)	[dobu'wanʲa]
minério (m)	руда (ж)	[ru'da]
mina (f)	копальня (ж)	[ko'palʲnʲa]
poço (m) de mina	шахта (ж)	['ʃahta]
mineiro (m)	шахтар (ч)	[ʃah'tar]
gás (m)	газ (ч)	[ɦaz]

gasoduto (m)	газопровід (ч)	[ɦazopro'wid]
petróleo (m)	нафта (ж)	['nafta]
oleoduto (m)	нафтопровід (ч)	[nafto'prowid]
poço (m) de petróleo	нафтова вишка (ж)	['naftowa 'wiʃka]
torre (f) petrolífera	свердлова вежа (ж)	[swɛrd'lɔwa 'wɛʒa]
petroleiro (m)	танкер (ч)	['tankɛr]

areia (f)	пісок (ч)	[pi'sɔk]
calcário (m)	вапняк (ч)	[wap'nʲak]
cascalho (m)	гравій (ч)	['ɦrawij]
turfa (f)	торф (ч)	[torf]
argila (f)	глина (ж)	['ɦlina]
carvão (m)	вугілля (с)	[wu'ɦilʲa]

ferro (m)	залізо (с)	[za'lizo]
ouro (m)	золото (с)	['zɔloto]
prata (f)	срібло (с)	['sriblo]
níquel (m)	нікель (ч)	['nikɛlʲ]
cobre (m)	мідь (ж)	[midʲ]

zinco (m)	цинк (ч)	['ʦink]
manganês (m)	марганець (ч)	['marɦanɛʦ]
mercúrio (m)	ртуть (ж)	[rtutʲ]
chumbo (m)	свинець (ч)	[swi'nɛʦ]

mineral (m)	мінерал (ч)	[minɛ'ral]
cristal (m)	кристал (ч)	[kris'tal]
mármore (m)	мармур (ч)	['marmur]
urânio (m)	уран (ч)	[u'ran]

85. Tempo

tempo (m)	погода (ж)	[po'ɦɔda]
previsão (f) do tempo	прогноз (ч) погоди	[proɦ'nɔz po'ɦɔdi]
temperatura (f)	температура (ж)	[tɛmpɛra'tura]
termômetro (m)	термометр (ч)	[tɛr'mɔmɛtr]
barômetro (m)	барометр (ч)	[ba'rɔmɛtr]

úmido (adj)	вологий	[wo'lɔɦij]
umidade (f)	вологість (ж)	[wolo'ɦistʲ]
calor (m)	спека (ж)	['spɛka]
tórrido (adj)	гарячий	[ɦa'rʲaʧij]
está muito calor	спекотно	[spɛ'kɔtno]

está calor	тепло	['tɛplo]
quente (morno)	теплий	['tɛplij]

está frio	холодно	['hɔlodno]
frio (adj)	холодний	[ho'lɔdnij]

sol (m)	сонце (с)	['sɔnʦɛ]
brilhar (vi)	світити	[swi'titi]
de sol, ensolarado	сонячний	['sɔnʲaʧnij]
nascer (vi)	зійти	[zij'ti]

pôr-se (vr)	сісти	['sisti]
nuvem (f)	хмара (ж)	['hmara]
nublado (adj)	хмарний	['hmarnij]
nuvem (f) preta	хмара (ж)	['hmara]
escuro, cinzento (adj)	похмурий	[poh'murij]
chuva (f)	дощ (ч)	[doɕ]
está a chover	йде дощ	[jdɛ doɕ]
chuvoso (adj)	дощовий	[doɕo'wij]
chuviscar (vi)	накрапати	[nakra'pati]
chuva (f) torrencial	проливний дощ (ч)	[proliw'nij doɕ]
aguaceiro (m)	злива (ж)	['zliwa]
forte (chuva, etc.)	сильний	['silʲnij]
poça (f)	калюжа (ж)	[ka'lʲuʒa]
molhar-se (vr)	мокнути	['mɔknuti]
nevoeiro (m)	туман (ч)	[tu'man]
de nevoeiro	туманний	[tu'manij]
neve (f)	сніг (ч)	[sniɦ]
está nevando	йде сніг	[jdɛ sniɦ]

86. Tempo extremo. Catástrofes naturais

trovoada (f)	гроза (ж)	[ɦro'za]
relâmpago (m)	блискавка (ж)	['bliskawka]
relampejar (vi)	блискати	['bliskati]
trovão (m)	грім (ч)	[ɦrim]
trovejar (vi)	гриміти	[ɦri'miti]
está trovejando	гримить грім	[ɦri'mitʲ ɦrim]
granizo (m)	град (ч)	[ɦrad]
está caindo granizo	йде град	[jdɛ ɦrad]
inundar (vt)	затопити	[zato'piti]
inundação (f)	повінь (ж)	['powinʲ]
terremoto (m)	землетрус (ч)	[zɛmlɛt'rus]
abalo, tremor (m)	поштовх (ч)	['pɔʃtowh]
epicentro (m)	епіцентр (ч)	[ɛpi'tsɛntr]
erupção (f)	виверження (с)	['wiwɛrʒɛnʲa]
lava (f)	лава (ж)	['lawa]
tornado (m)	смерч, торнадо (ч)	[smɛrtʃ], [tor'nado]
tufão (m)	тайфун (ч)	[taj'fun]
furacão (m)	ураган (ч)	[uraɦan]
tempestade (f)	буря (ж)	['burʲa]
tsunami (m)	цунамі (с)	[tsu'nami]
ciclone (m)	циклон (ч)	[tsik'lɔn]
mau tempo (m)	негода (ж)	[nɛ'ɦɔda]

incêndio (m)	пожежа (ж)	[po'ʒɛʒa]
catástrofe (f)	катастрофа (ж)	[kata'strɔfa]
meteorito (m)	метеорит (ч)	[mɛtɛo'rit]

avalanche (f)	лавина (ж)	[la'wina]
deslizamento (m) de neve	обвал (-)	[ob'wal]
nevasca (f)	заметіль (ж)	[zamɛ'tilʲ]
tempestade (f) de neve	завірюха (ж)	[zawi'rʲuha]

FAUNA

87. Mamíferos. Predadores

predador (m)	хижак (ч)	[hiˈʒak]
tigre (m)	тигр (ч)	[tiɦr]
leão (m)	лев (ч)	[lɛw]
lobo (m)	вовк (ч)	[wowk]
raposa (f)	лисиця (ж)	[liˈsitsʲa]

jaguar (m)	ягуар (ч)	[jaɦuˈar]
leopardo (m)	леопард (ч)	[lɛoˈpard]
chita (f)	гепард (ч)	[ɦɛˈpard]

pantera (f)	пантера (ж)	[panˈtɛra]
puma (m)	пума (ж)	[ˈpuma]
leopardo-das-neves (m)	сніговий барс (ч)	[sniɦoˈwij bars]
lince (m)	рись (ж)	[risʲ]

coiote (m)	койот (ч)	[koˈjɔt]
chacal (m)	шакал (ч)	[ʃaˈkal]
hiena (f)	гієна (ж)	[ɦiˈɛna]

88. Animais selvagens

animal (m)	тварина (ж)	[twaˈrina]
besta (f)	звір (ч)	[zwir]

esquilo (m)	білка (ж)	[ˈbilka]
ouriço (m)	їжак (ч)	[jiˈʒak]
lebre (f)	заєць (ч)	[ˈzaɛts]
coelho (m)	кріль (ч)	[krilʲ]

texugo (m)	борсук (ч)	[borˈsuk]
guaxinim (m)	єнот (ч)	[ɛˈnɔt]
hamster (m)	хом'як (ч)	[hoˈmʲak]
marmota (f)	бабак (ч)	[baˈbak]

toupeira (f)	кріт (ч)	[krit]
rato (m)	миша (ж)	[ˈmiʃa]
ratazana (f)	щур (ч)	[ɕur]
morcego (m)	кажан (ч)	[kaˈʒan]

arminho (m)	горностай (ч)	[ɦornoˈstaj]
zibelina (f)	соболь (ч)	[ˈsɔbolʲ]
marta (f)	куниця (ж)	[kuˈnitsʲa]
doninha (f)	ласка (ж)	[ˈlaska]
visom (m)	норка (ж)	[ˈnɔrka]

castor (m)	бобер (ч)	[bo'bɛr]
lontra (f)	видра (ж)	['wɨdra]
cavalo (m)	кінь (ч)	[kinʲ]
alce (m)	лось (ч	[losʲ]
veado (m)	олень (ч)	['ɔlɛnʲ]
camelo (m)	верблюд (ч)	[wɛr'blʲud]
bisão (m)	бізон (ч)	[bi'zɔn]
auroque (m)	зубр (ч)	[zubr]
búfalo (m)	буйвіл (ч)	['bujwil]
zebra (f)	зебра (ж)	['zɛbra]
antílope (m)	антилопа (ж)	[anti'lɔpa]
corça (f)	косуля (ж)	[ko'sulʲa]
gamo (m)	лань (ж)	[lanʲ]
camurça (f)	сарна (ж)	['sarna]
javali (m)	вепр (ч)	[wɛpr]
baleia (f)	кит (ч)	[kit]
foca (f)	тюлень (ч)	[tʲu'lɛnʲ]
morsa (f)	морж (ч)	[mɔrʒ]
urso-marinho (m)	котик (ч)	['kɔtik]
golfinho (m)	дельфін (ч)	[dɛlʲ'fin]
urso (m)	ведмідь (ч)	[wɛd'midʲ]
urso (m) polar	білий ведмідь (ч)	['bilij wɛd'midʲ]
panda (m)	панда (ж)	['panda]
macaco (m)	мавпа (ж)	['mawpa]
chimpanzé (m)	шимпанзе (ч)	[ʃimpan'zɛ]
orangotango (m)	орангутанг (ч)	[oranhu'tanɦ]
gorila (m)	горила (ж)	[ɦo'rɨla]
macaco (m)	макака (ж)	[ma'kaka]
gibão (m)	гібон (ч)	[ɦi'bɔn]
elefante (m)	слон (ч)	[slon]
rinoceronte (m)	носоріг (ч)	[noso'riɦ]
girafa (f)	жирафа (ж)	[ʒɨrafa]
hipopótamo (m)	бегемот (ч)	[bɛɦɛ'mɔt]
canguru (m)	кенгуру (ч)	[kɛnɦu'ru]
coala (m)	коала (ч)	[ko'ala]
mangusto (m)	мангуст (ч)	[ma'nɦust]
chinchila (f)	шиншила (ж)	[ʃin'ʃila]
cangambá (f)	скунс (ч)	[skuns]
porco-espinho (m)	дикобраз (ч)	[diko'braz]

89. Animais domésticos

gata (f)	кішка (ж)	['kiʃka]
gato (m) macho	кіт (ч)	[kit]
cão (m)	собака, пес (ч)	[so'baka], [pɛs]

cavalo (m)	кінь (ч)	[kinʲ]
garanhão (m)	жеребець (ч)	[ʒɛrɛ'bɛts]
égua (f)	кобила (ж)	[ko'biɫa]

vaca (f)	корова (ж)	[ko'rɔwa]
touro (m)	бик (ч)	[bik]
boi (m)	віл (ч)	[wil]

ovelha (f)	вівця (ж)	[wiw'tsʲa]
carneiro (m)	баран (ч)	[ba'ran]
cabra (f)	коза (ж)	[ko'za]
bode (m)	козел (ч)	[ko'zɛl]

| burro (m) | осел (ч) | [o'sɛl] |
| mula (f) | мул (ч) | [mul] |

porco (m)	свиня (ж)	[swi'nʲa]
leitão (m)	порося (с)	[poro'sʲa]
coelho (m)	кріль (ч)	[krilʲ]

| galinha (f) | курка (ж) | ['kurka] |
| galo (m) | півень (ч) | ['piwɛnʲ] |

pata (f), pato (m)	качка (ж)	['katʃka]
pato (m)	качур (ч)	['katʃur]
ganso (m)	гусак (ч)	[ɦu'sak]

| peru (m) | індик (ч) | [in'dik] |
| perua (f) | індичка (ж) | [in'ditʃka] |

animais (m pl) domésticos	домашні тварини (мн)	[do'maʃni twa'rini]
domesticado (adj)	ручний	[rutʃ'nij]
domesticar (vt)	приручати	[priru'tʃati]
criar (vt)	вирощувати	[wi'rɔɕuwati]

fazenda (f)	ферма (ж)	['fɛrma]
aves (f pl) domésticas	свійські птахи (мн)	['swijsʲki pta'hi]
gado (m)	худоба (ж)	[hu'dɔba]
rebanho (m), manada (f)	стадо (с)	['stado]

estábulo (m)	конюшня (ж)	[ko'nʲuʃnʲa]
chiqueiro (m)	свинарник (ч)	[swi'narnik]
estábulo (m)	корівник (ч)	[ko'riwnik]
coelheira (f)	крільчатник (ч)	[krilʲ'tʃatnik]
galinheiro (m)	курник (ч)	[kur'nik]

90. Pássaros

pássaro (m), ave (f)	птах (ч)	[ptah]
pombo (m)	голуб (ч)	['ɦɔlub]
pardal (m)	горобець (ч)	[ɦoro'bɛts]
chapim-real (m)	синиця (ж)	[si'nitsʲa]
pega-rabuda (f)	сорока (ж)	[so'rɔka]
corvo (m)	ворон (ч)	['wɔron]

gralha-cinzenta (f)	ворона (ж)	[wo'rɔna]
gralha-de-nuca-cinzenta (f)	галка (ж)	['ɦalka]
gralha-calva (f)	грак (ч)	[ɦrak]
pato (m)	качка (ж)	['katʃka]
ganso (m)	гусак (ч)	[ɦu'sak]
faisão (m)	фазан (ч)	[fa'zan]
águia (f)	орел (ч)	[o'rɛl]
açor (m)	яструб (ч)	['ʲastrub]
falcão (m)	сокіл (ч)	['sɔkil]
abutre (m)	гриф (ч)	[ɦrif]
condor (m)	кондор (ч)	['kɔndor]
cisne (m)	лебідь (ч)	['lɛbidʲ]
grou (m)	журавель (ч)	[ʒura'wɛlʲ]
cegonha (f)	чорногуз (ч)	[tʃorno'ɦuz]
papagaio (m)	папуга (ч)	[pa'puɦa]
beija-flor (m)	колібрі (ч)	[ko'libri]
pavão (m)	пава (ж)	['pawa]
avestruz (m)	страус (ч)	['straus]
garça (f)	чапля (ж)	['tʃaplʲa]
flamingo (m)	фламінго (c)	[fla'minɦo]
pelicano (m)	пелікан (ч)	[pɛli'kan]
rouxinol (m)	соловей (ч)	[solo'wɛj]
andorinha (f)	ластівка (ж)	['lastiwka]
tordo-zornal (m)	дрізд (ч)	[drizd]
tordo-músico (m)	співучий дрізд (ч)	[spi'wutʃij 'drizd]
melro-preto (m)	чорний дрізд (ч)	['tʃornij 'drizd]
andorinhão (m)	стриж (ч)	['striʒ]
cotovia (f)	жайворонок (ч)	['ʒajworonok]
codorna (f)	перепел (ч)	['pɛrɛpɛl]
pica-pau (m)	дятел (ч)	['dʲatɛl]
cuco (m)	зозуля (ж)	[zo'zulʲa]
coruja (f)	сова (ж)	[so'wa]
bufo-real (m)	пугач (ч)	[pu'ɦatʃ]
tetraz-grande (m)	глухар (ч)	[ɦlu'har]
tetraz-lira (m)	тетерук (ч)	[tɛtɛ'ruk]
perdiz-cinzenta (f)	куріпка (ж)	[ku'ripka]
estorninho (m)	шпак (ч)	[ʃpak]
canário (m)	канарка (ж)	[ka'narka]
galinha-do-mato (f)	рябчик (ч)	['rʲabtʃik]
tentilhão (m)	зяблик (ч)	['zʲablik]
dom-fafe (m)	снігур (ч)	[sni'ɦur]
gaivota (f)	чайка (ж)	['tʃajka]
albatroz (m)	альбатрос (ч)	[alʲbat'rɔs]
pinguim (m)	пінгвін (ч)	[pinɦ'win]

91. Peixes. Animais marinhos

brema (f)	лящ (ч)	[lʲaɕ]
carpa (f)	короп (ч)	[ˈkɔrop]
perca (f)	окунь (ч)	[ˈɔkunʲ]
siluro (m)	сом (ч)	[som]
lúcio (m)	щука (ж)	[ˈɕuka]

salmão (m)	лосось (ч)	[loˈsɔsʲ]
esturjão (m)	осетер (ч)	[osɛˈtɛr]

arenque (m)	оселедець (ч)	[osɛˈlɛdɛts]
salmão (m) do Atlântico	сьомга (ж)	[ˈsʲomɦa]
cavala, sarda (f)	скумбрія (ж)	[ˈskumbriʲa]
solha (f), linguado (m)	камбала (ж)	[kambaˈla]

lúcio perca (m)	судак (ч)	[suˈdak]
bacalhau (m)	тріска (ж)	[trisˈka]
atum (m)	тунець (ч)	[tuˈnɛts]
truta (f)	форель (ж)	[foˈrɛlʲ]

enguia (f)	вугор (ч)	[wuˈɦɔr]
raia (f) elétrica	електричний скат (ч)	[ɛlɛktˈritʃnij skat]
moreia (f)	мурена (ж)	[muˈrɛna]
piranha (f)	піранья (ж)	[piˈranʲa]

tubarão (m)	акула (ж)	[aˈkula]
golfinho (m)	дельфін (ч)	[dɛlʲˈfin]
baleia (f)	кит (ч)	[kit]

caranguejo (m)	краб (ч)	[krab]
água-viva (f)	медуза (ж)	[mɛˈduza]
polvo (m)	восьминіг (ч)	[wosʲmiˈniɦ]

estrela-do-mar (f)	морська зірка (ж)	[morsʲˈka ˈzirka]
ouriço-do-mar (m)	морський їжак (ч)	[morsʲˈkij jiˈʒak]
cavalo-marinho (m)	морський коник (ч)	[morsʲˈkij ˈkɔnik]

ostra (f)	устриця (ж)	[ˈustritsʲa]
camarão (m)	креветка (ж)	[krɛˈwɛtka]
lagosta (f)	омар (ч)	[oˈmar]
lagosta (f)	лангуст (ч)	[lanˈɦust]

92. Anfíbios. Répteis

cobra (f)	змія (ж)	[zmiˈʲa]
venenoso (adj)	отруйний	[otˈrujnij]

víbora (f)	гадюка (ж)	[ɦaˈdʲuka]
naja (f)	кобра (ж)	[ˈkɔbra]
píton (m)	пітон (ч)	[piˈtɔn]
jiboia (f)	удав (ч)	[uˈdaw]
cobra-de-água (f)	вуж (ч)	[wuʒ]

cascavel (f)	гримуча змія (ж)	[ɦriˈmutʃa zmiˈja]
anaconda (f)	анаконда (ж)	[anaˈkɔnda]
lagarto (m)	ящірка (ж)	[ˈjaɕirka]
iguana (f)	ігуана (ж)	[iɦuˈana]
varano (m)	варан (ч)	[waˈran]
salamandra (f)	саламандра (ж)	[salaˈmandra]
camaleão (m)	хамелеон (ч)	[hamɛlɛˈɔn]
escorpião (m)	скорпіон (ч)	[skorpiˈɔn]
tartaruga (f)	черепаха (ж)	[tʃɛrɛˈpaha]
rã (f)	жаба (ж)	[ˈʒaba]
sapo (m)	ропуха (ж)	[roˈpuha]
crocodilo (m)	крокодил (ч)	[krokoˈdɨl]

93. Insetos

inseto (m)	комаха (ж)	[koˈmaha]
borboleta (f)	метелик (ч)	[mɛˈtɛlik]
formiga (f)	мураха (ж)	[muˈraha]
mosca (f)	муха (ж)	[ˈmuha]
mosquito (m)	комар (ч)	[koˈmar]
escaravelho (m)	жук (ч)	[ʒuk]
vespa (f)	оса (ж)	[oˈsa]
abelha (f)	бджола (ж)	[bdʒoˈla]
mamangaba (f)	джміль (ч)	[dʒmilʲ]
moscardo (m)	овід (ч)	[ˈɔwid]
aranha (f)	павук (ч)	[paˈwuk]
teia (f) de aranha	павутиння (с)	[pawuˈtinʲa]
libélula (f)	бабка (ж)	[ˈbabka]
gafanhoto (m)	коник (ч)	[ˈkɔnik]
traça (f)	метелик (ч)	[mɛˈtɛlik]
barata (f)	тарган (ч)	[tarˈɦan]
carrapato (m)	кліщ (ч)	[kliɕ]
pulga (f)	блоха (ж)	[ˈblɔha]
borrachudo (m)	мошка (ж)	[ˈmɔʃka]
gafanhoto (m)	сарана (ж)	[saraˈna]
caracol (m)	равлик (ч)	[ˈrawlik]
grilo (m)	цвіркун (ч)	[tswirˈkun]
pirilampo, vaga-lume (m)	світлячок (ч)	[switlʲaˈtʃɔk]
joaninha (f)	сонечко (с)	[ˈsɔnɛtʃko]
besouro (m)	хрущ (ч)	[hruɕ]
sanguessuga (f)	п'явка (ж)	[ˈpʲjawka]
lagarta (f)	гусениця (ж)	[ˈhusɛnitsʲa]
minhoca (f)	черв'як (ч)	[tʃɛrˈwʲjak]
larva (f)	личинка (ж)	[liˈtʃinka]

FLORA

94. Árvores

árvore (f)	дерево (с)	['dɛrɛwo]
decídua (adj)	листяне	[lɨstʲa'nɛ]
conífera (adj)	хвойне	['hwɔjnɛ]
perene (adj)	вічнозелене	[witʃnozɛ'lɛnɛ]
macieira (f)	яблуня (ж)	['ʲablunʲa]
pereira (f)	груша (ж)	['ɦruʃa]
cerejeira (f)	черешня (ж)	[tʃɛ'rɛʃnʲa]
ginjeira (f)	вишня (ж)	['wiʃnʲa]
ameixeira (f)	слива (ж)	['slɨwa]
bétula (f)	береза (ж)	[bɛ'rɛza]
carvalho (m)	дуб (ч)	[dub]
tília (f)	липа (ж)	['lɨpa]
choupo-tremedor (m)	осика (ж)	[o'sɨka]
bordo (m)	клен (ч)	[klɛn]
espruce (m)	ялина (ж)	[ja'lɨna]
pinheiro (m)	сосна (ж)	[sos'na]
alerce, lariço (m)	модрина (ж)	[mod'rɨna]
abeto (m)	ялиця (ж)	[ja'lɨtsʲa]
cedro (m)	кедр (ч)	[kɛdr]
choupo, álamo (m)	тополя (ж)	[to'pɔlʲa]
tramazeira (f)	горобина (ж)	[ɦoro'bɨna]
salgueiro (m)	верба (ж)	[wɛr'ba]
amieiro (m)	вільха (ж)	['wilʲha]
faia (f)	бук (ч)	[buk]
ulmeiro, olmo (m)	в'яз (ч)	[wʲʲaz]
freixo (m)	ясен (ч)	['ʲasɛn]
castanheiro (m)	каштан (ч)	[kaʃ'tan]
magnólia (f)	магнолія (ж)	[maɦ'nɔliʲa]
palmeira (f)	пальма (ж)	['palʲma]
cipreste (m)	кипарис (ч)	[kɨpa'rɨs]
mangue (m)	мангрове дерево (с)	['manɦrowɛ 'dɛrɛwo]
embondeiro, baobá (m)	баобаб (ч)	[bao'bab]
eucalipto (m)	евкаліпт (ч)	[ɛwka'lipt]
sequoia (f)	секвоя (ж)	[sɛk'wɔʲa]

95. Arbustos

arbusto (m)	кущ (ч)	[kuɕ]
arbusto (m), moita (f)	чагарник (ч)	[tʃaɦar'nɨk]

| videira (f) | виноград (ч) | [wino'ɦrad] |
| vinhedo (m) | виноградник (ч) | [wino'ɦradnik] |

framboeseira (f)	малина (ж)	[ma'lina]
groselheira-negra (f)	чорна смородина (ж)	['ʧɔrna smo'rɔdina]
groselheira-vermelha (f)	порічки (мн)	[po'riʧki]
groselheira (f) espinhosa	аґрус (ч)	['agrus]

acácia (f)	акація (ж)	[a'katsiɪa]
bérberis (f)	барбарис (ч)	[barba'ris]
jasmim (m)	жасмин (ч)	[ʒas'min]

junípero (m)	ялівець (ч)	[jali'wɛts]
roseira (f)	трояндовий кущ (ч)	[tro'ɪandowij kuɕ]
roseira (f) brava	шипшина (ж)	[ʃip'ʃina]

96. Frutos. Bagas

fruta (f)	фрукт, плід (ч)	[frukt], [plid]
frutas (f pl)	фрукти, плоди (мн)	[frukti], [plo'di]
maçã (f)	яблуко (с)	['ɪabluko]
pera (f)	груша (ж)	['ɦruʃa]
ameixa (f)	слива (ж)	['sliwa]

morango (m)	полуниця (ж)	[polu'nitsɪa]
ginja (f)	вишня (ж)	['wiʃnɪa]
cereja (f)	черешня (ж)	[ʧɛ'rɛʃnɪa]
uva (f)	виноград (ч)	[wino'ɦrad]

framboesa (f)	малина (ж)	[ma'lina]
groselha (f) negra	чорна смородина (ж)	['ʧɔrna smo'rɔdina]
groselha (f) vermelha	порічки (мн)	[po'riʧki]
groselha (f) espinhosa	аґрус (ч)	['agrus]
oxicoco (m)	журавлина (ж)	[ʒuraw'lina]

laranja (f)	апельсин (ч)	[apɛlɪ'sin]
tangerina (f)	мандарин (ч)	[manda'rin]
abacaxi (m)	ананас (ч)	[ana'nas]

| banana (f) | банан (ч) | [ba'nan] |
| tâmara (f) | фінік (ч) | ['finik] |

limão (m)	лимон (ч)	[li'mɔn]
damasco (m)	абрикос (ч)	[abri'kɔs]
pêssego (m)	персик (ч)	['pɛrsik]

| quiuí (m) | ківі (ч) | ['kiwi] |
| toranja (f) | грейпфрут (ч) | [ɦrɛjp'frut] |

baga (f)	ягода (ж)	['ɪaɦoda]
bagas (f pl)	ягоди (мн)	['ɪaɦodi]
arando (m) vermelho	брусниця (ж)	[brus'nitsɪa]
morango-silvestre (m)	суниця (ж)	[su'nitsɪa]
mirtilo (m)	чорниця (ж)	[ʧor'nitsɪa]

97. Flores. Plantas

flor (f)	квітка (ж)	['kwitka]
buquê (m) de flores	букет (ч)	[bu'kɛt]
rosa (f)	троянда (ж)	[tro'ʲanda]
tulipa (f)	тюльпан (ч)	[tʲulʲ'pan]
cravo (m)	гвоздика (ж)	[ɦwoz'dɨka]
gladíolo (m)	гладіолус (ч)	[ɦladi'ɔlus]
centáurea (f)	волошка (ж)	[wo'lɔʃka]
campainha (f)	дзвіночок (ч)	[dzwi'nɔtʃok]
dente-de-leão (m)	кульбаба (ж)	[kulʲ'baba]
camomila (f)	ромашка (ж)	[ro'maʃka]
aloé (m)	алое (c)	[a'lɔɛ]
cacto (m)	кактус (ч)	['kaktus]
fícus (m)	фікус (ч)	['fikus]
lírio (m)	лілея (ж)	[li'lɛʲa]
gerânio (m)	герань (ж)	[ɦɛ'ranʲ]
jacinto (m)	гіацинт (ч)	[ɦia'tsint]
mimosa (f)	мімоза (ж)	[mi'mɔza]
narciso (m)	нарцис (ч)	[nar'tsis]
capuchinha (f)	настурція (ж)	[nas'turtsiʲa]
orquídea (f)	орхідея (ж)	[orhi'dɛʲa]
peônia (f)	півонія (ж)	[pi'wɔniʲa]
violeta (f)	фіалка (ж)	[fi'alka]
amor-perfeito (m)	братки (мн)	[brat'ki]
não-me-esqueças (m)	незабудка (ж)	[nɛza'budka]
margarida (f)	стокротки (мн)	[stok'rɔtki]
papoula (f)	мак (ч)	[mak]
cânhamo (m)	коноплі (мн)	[ko'nɔpli]
hortelã, menta (f)	м'ята (ж)	['mʲata]
lírio-do-vale (m)	конвалія (ж)	[kon'waliʲa]
campânula-branca (f)	пролісок (ч)	['prɔlisok]
urtiga (f)	кропива (ж)	[kropɨ'wa]
azedinha (f)	щавель (ч)	[ɕa'wɛlʲ]
nenúfar (m)	латаття (c)	[la'tattʲa]
samambaia (f)	папороть (ж)	['paporotʲ]
líquen (m)	лишайник (ч)	[li'ʃajnɨk]
estufa (f)	оранжерея (ж)	[oranʒɛ'rɛʲa]
gramado (m)	газон (ч)	[ɦa'zɔn]
canteiro (m) de flores	клумба (ж)	['klumba]
planta (f)	рослина (ж)	[ros'lɨna]
grama (f)	трава (ж)	[tra'wa]
folha (f) de grama	травинка (ж)	[tra'wɨnka]

94

folha (f)	листок (ч)	[lis'tɔk]
pétala (f)	пелюстка (ж)	[pɛ'lʲustka]
talo (m)	стебло (с)	[stɛb'lɔ]
tubérculo (m)	бульба (ж)	['bulʲba]

| broto, rebento (m) | паросток (ч) | ['parostok] |
| espinho (m) | колючка (ж) | [ko'lʲutʃka] |

florescer (vi)	цвісти	[tswis'ti]
murchar (vi)	в'янути	['wʲanuti]
cheiro (m)	запах (ч)	['zapah]
cortar (flores)	зрізати	['zrizati]
colher (uma flor)	зірвати	[zir'wati]

98. Cereais, grãos

grão (m)	зерно (с)	[zɛr'nɔ]
cereais (plantas)	зернові рослини (мн)	[zɛrno'wi ros'lini]
espiga (f)	колос (ч)	['kɔlos]

trigo (m)	пшениця (ж)	[pʃɛ'nitsʲa]
centeio (m)	жито (с)	['ʒito]
aveia (f)	овес (ч)	[o'wɛs]
painço (m)	просо (с)	['prɔso]
cevada (f)	ячмінь (ч)	[jatʃ'minʲ]

milho (m)	кукурудза (ж)	[kuku'rudza]
arroz (m)	рис (ч)	[ris]
trigo-sarraceno (m)	гречка (ж)	['ɦrɛtʃka]

ervilha (f)	горох (ч)	[ɦo'rɔh]
feijão (m) roxo	квасоля (ж)	[kwa'sɔlʲa]
soja (f)	соя (ж)	['sɔʲa]
lentilha (f)	сочевиця (ж)	[sotʃɛ'witsʲa]
feijão (m)	боби (мн)	[bo'bi]

PAÍSES DO MUNDO

Afeganistão (m)	Афганістан (ч)	[afɦani'stan]
África (f) do Sul	Південно-Африканська Республіка (ж)	[piw'dɛno afri'kansʲka rɛs'publika]
Albânia (f)	Албанія (ж)	[al'baniʲa]
Alemanha (f)	Німеччина (ж)	[ni'mɛʧina]
Arábia (f) Saudita	Саудівська Аравія (ж)	[sa'udiwsʲka a'rawiʲa]
Argentina (f)	Аргентина (ж)	[arɦɛn'tina]
Armênia (f)	Вірменія (ж)	[wir'mɛniʲa]
Austrália (f)	Австралія (ж)	[aw'straliʲa]
Áustria (f)	Австрія (ж)	['awstriʲa]
Azerbaijão (m)	Азербайджан (ч)	[azɛrbaj'ʤan]
Bahamas (f pl)	Багамські острови (мн)	[ba'ɦamsʲki ostro'wi]
Bangladesh (m)	Бангладеш (ч)	[banɦla'dɛʃ]
Bélgica (f)	Бельгія (ж)	['bɛlʲɦiʲa]
Belarus	Білорусь (ж)	[bilo'rusʲ]
Bolívia (f)	Болівія (ж)	[bo'liwiʲa]
Bósnia e Herzegovina (f)	Боснія і Герцеговина (ж)	['bɔsniʲa i ɦɛrʦɛɦo'wina]
Brasil (m)	Бразилія (ж)	[bra'ziliʲa]
Bulgária (f)	Болгарія (ж)	[bol'ɦariʲa]
Camboja (f)	Камбоджа (ж)	[kam'bɔʤa]
Canadá (m)	Канада (ж)	[ka'nada]
Cazaquistão (m)	Казахстан (ч)	[kazah'stan]
Chile (m)	Чилі (ж)	['ʧili]
China (f)	Китай (ч)	[ki'taj]
Chipre (m)	Кіпр (ч)	[kipr]
Colômbia (f)	Колумбія (ж)	[ko'lumbiʲa]
Coreia (f) do Norte	Північна Корея (ж)	[piw'niʧna ko'rɛʲa]
Coreia (f) do Sul	Південна Корея (ж)	[piw'dɛna ko'rɛʲa]
Croácia (f)	Хорватія (ж)	[hor'watiʲa]
Cuba (f)	Куба (ж)	['kuba]
Dinamarca (f)	Данія (ж)	['daniʲa]
Egito (m)	Єгипет (ч)	[ɛ'ɦipɛt]
Emirados Árabes Unidos	Об'єднані Арабські емірати (мн)	[ob'ʲɛdnani a'rabsʲki ɛmi'rati]
Equador (m)	Еквадор (ч)	[ɛkwa'dɔr]
Escócia (f)	Шотландія (ж)	[ʃot'landiʲa]
Eslováquia (f)	Словаччина (ж)	[slo'waʧina]
Eslovênia (f)	Словенія (ж)	[slo'wɛniʲa]
Espanha (f)	Іспанія (ж)	[ispaniʲa]
Estados Unidos da América	Сполучені Штати Америки (мн)	[spo'luʧɛni 'ʃtati a'mɛriki]

Estônia (f)	Естонія (ж)	[ɛs'tɔniʲa]
Finlândia (f)	Фінляндія (ж)	[fin'lʲandiʲa]
França (f)	Франція (ж)	['franʦiʲa]

100. Países. Parte 2

Gana (f)	Гана (ж)	['hana]
Geórgia (f)	Грузія (ж)	['hruziʲa]
Grã-Bretanha (f)	Велика Британія (ж)	[wɛ'lika bri'taniʲa]
Grécia (f)	Греція (ж)	['hrɛʦiʲa]
Haiti (m)	Гаїті (ч)	[ha'jiti]
Hungria (f)	Угорщина (ж)	[u'hɔrɕina]
Índia (f)	Індія (ж)	['indiʲa]

Indonésia (f)	Індонезія (ж)	[indo'nɛziʲa]
Inglaterra (f)	Англія (ж)	['anfiliʲa]
Irã (m)	Іран (ч)	[i'ran]
Iraque (m)	Ірак (ч)	[i'rak]
Irlanda (f)	Ірландія (ж)	[ir'landiʲa]
Islândia (f)	Ісландія (ж)	[is'landiʲa]
Israel (m)	Ізраїль (ч)	[iz'rajilʲ]

Itália (f)	Італія (ж)	[i'taliʲa]
Jamaica (f)	Ямайка (ж)	[ja'majka]
Japão (m)	Японія (ж)	[ja'pɔniʲa]
Jordânia (f)	Йорданія (ж)	[ʲor'daniʲa]
Kuwait (m)	Кувейт (ч)	[ku'wɛjt]
Laos (m)	Лаос (ч)	[la'ɔs]
Letônia (f)	Латвія (ж)	['latwiʲa]

Líbano (m)	Ліван (ч)	[li'wan]
Líbia (f)	Лівія (ж)	['liwiʲa]
Liechtenstein (m)	Ліхтенштейн (ч)	[lihtɛn'ʃtɛjn]
Lituânia (f)	Литва (ж)	[litʲ'wa]
Luxemburgo (m)	Люксембург (ч)	[lʲuksɛm'burh]

| Macedônia (f) | Македонія (ж) | [makɛ'dɔniʲa] |
| Madagascar (m) | Мадагаскар (ч) | [madaha'skar] |

Malásia (f)	Малайзія (ж)	[ma'lajziʲa]
Malta (f)	Мальта (ж)	['malʲta]
Marrocos	Марокко (ж)	[ma'rɔkko]
México (m)	Мексика (ж)	['mɛksika]
Birmânia (f)	М'янма (ж)	['mʲʲanma]

| Moldávia (f) | Молдова (ж) | [mol'dɔwa] |
| Mônaco (m) | Монако (ж) | [mo'nako] |

Mongólia (f)	Монголія (ж)	[mon'hɔliʲa]
Montenegro (m)	Чорногорія (ж)	[ʧorno'hɔriʲa]
Namíbia (f)	Намібія (ж)	[na'mibiʲa]
Nepal (m)	Непал (ч)	[nɛ'pal]
Noruega (f)	Норвегія (ж)	[nor'wɛhiʲa]
Nova Zelândia (f)	Нова Зеландія (ж)	[no'wa zɛ'landiʲa]

101. Países. Parte 3

Países Baixos (m pl)	Нідерланди (ж)	[nidɛr'landi]
Palestina (f)	Палестина (ж)	[palɛ'stina]
Panamá (m)	Панама (ж)	[pa'nama]
Paquistão (m)	Пакистан (ч)	[paki'stan]
Paraguai (m)	Парагвай (ч)	[paraɦ'waj]
Peru (m)	Перу (ж)	[pɛ'ru]
Polinésia (f) Francesa	Французька Полінезія (ж)	[fran'tsuzʲka poli'nɛziʲa]
Polônia (f)	Польща (ж)	['pɔlʲɕa]
Portugal (m)	Португалія (ж)	[portu'ɦaliʲa]
Quênia (f)	Кенія (ж)	['kɛniʲa]
Quirguistão (m)	Киргизстан (ч)	[kirɦiz'stan]
República (f) Checa	Чехія (ж)	['tʃɛhiʲa]
República Dominicana	Домініканська республіка (ж)	[domini'kansʲka rɛs'publika]
Romênia (f)	Румунія (ж)	[ru'muniʲa]
Rússia (f)	Росія (ж)	[ro'siʲa]
Senegal (m)	Сенегал (ч)	[sɛnɛ'ɦal]
Sérvia (f)	Сербія (ж)	['sɛrbiʲa]
Síria (f)	Сирія (ж)	['siriʲa]
Suécia (f)	Швеція (ж)	['ʃwɛtsiʲa]
Suíça (f)	Швейцарія (ж)	[ʃwɛj'tsariʲa]
Suriname (m)	Суринам (ч)	[suri'nam]
Tailândia (f)	Таїланд (ч)	[taji'land]
Taiwan (m)	Тайвань (ч)	[taj'wanʲ]
Tajiquistão (m)	Таджикистан (ч)	[tadʒiki'stan]
Tanzânia (f)	Танзанія (ж)	[tan'zaniʲa]
Tasmânia (f)	Тасманія (ж)	[tas'maniʲa]
Tunísia (f)	Туніс (ч)	[tu'nis]
Turquemenistão (m)	Туркменістан (ч)	[turkmɛni'stan]
Turquia (f)	Туреччина (ж)	[tu'rɛtʃina]
Ucrânia (f)	Україна (ж)	[ukra'jina]
Uruguai (m)	Уругвай (ч)	[uruɦ'waj]
Uzbequistão (f)	Узбекистан (ч)	[uzbɛki'stan]
Vaticano (m)	Ватикан (ч)	[wati'kan]
Venezuela (f)	Венесуела (ж)	[wɛnɛsu'ɛla]
Vietnã (m)	В'єтнам (ч)	[wʔɛt'nam]
Zanzibar (m)	Занзібар (ч)	[zanzi'bar]

www.ingramcontent.com/pod-product-compliance
Lightning Source LLC
Chambersburg PA
CBHW071621040426
42452CB00009B/1426